clave

Sergio Beguería (Zaragoza, 2001) es un creador de contenido especializado en emprendimiento y crecimiento personal en las redes sociales. Describe su contenido como «ese amigo que es una buena influencia» e intenta inspirar y enseñar con el ejemplo. Cuando tenía quince años empezó a leer, trabajar y emprender en las horas libres que le quedaban después de clase. Le apasionaban el márketing, la comunicación y la dimensión creativa del *branding*. Comenzó el grado de Márketing en la Universidad de Zaragoza, pero en el segundo curso lo abandonó para dedicar todo su tiempo a crear contenido de crecimiento personal en las redes sociales.

Juan Domínguez (Zaragoza, 2001), host del pódcast *Tengo un plan* junto con Sergio Beguería, ha sido siempre un chico inquieto y con ganas de progresar. Desde adolescente ha compaginado los estudios con el trabajo en el taller de su padre. En 2020 descubrió el mundo del emprendimiento online, y ganarse la vida así se convirtió en su sueño. Durante los tres primeros años concilió la universidad, los trabajos temporales y sus emprendimientos. Le apasionan los negocios digitales y el motociclismo.

Para más información puedes ver la cuenta de Instagram de los autores:
tengounplanpodcast

Tengo un Plan: lo que ellos saben y tú no

39 principios para crear una vida con resultados y ser feliz

SERGIO BEGUERÍA
JUAN DOMÍNGUEZ

DEBOLS!LLO

Papel certificado por el Forest Stewardship Council®

MIXTO
Papel | Apoyando la silvicultura responsable
FSC® C117695

Penguin Random House Grupo Editorial

Primera edición en Debolsillo: enero de 2026

Travessera de Gràcia, 47-49. 08021 Barcelona
La ilustración de la página 102 es de Ramón Lanza
Diseño de la cubierta: Penguin Random House Grupo Editorial
Fotografía de la contra: cedida por los autores

Printed in Spain – Impreso en España

ISBN: 978-84-663-8940-2
Depósito legal: B-19.663-2025

Compuesto en M. I. Maquetación, S. L.
Impreso en Black Print CPI Ibérica
Sant Andreu de la Barca (Barcelona)

P 3 8 9 4 0 2

Cuando te toca dedicar algo a alguien, es muy difícil elegir a quién, pero nosotros desde el principio lo teníamos muy claro: a la comunidad de Tengo un Plan.
Todo lo que ves aquí dentro es gracias a esta comunidad, a todas las personas que confiáis día a día en el trabajo de dos jóvenes con ganas de prosperar en la vida.
Siempre que recibimos un «Gracias por vuestro trabajo», nuestra respuesta directamente es «A ti por hacerlo posible».
Por muy genios que nos creamos, esto te lo debemos a ti, por confiar en nosotros, por apoyarnos cuando no éramos nadie y por siempre querer aprender con el siguiente capítulo del pódcast o la siguiente locura que se nos pasa por la cabeza.
Gracias por apoyarnos también en un proyecto tan grande como un libro.

Índice

Prólogo

Dos referentes de una «generación perdida»

En cierto modo, era inevitable que acabara escribiendo este prólogo. Estaba destinado a ser así. Durante muchos meses, el algoritmo de YouTube me estuvo recomendando una y otra vez entrevistas hechas por Juan Domínguez y Sergio Beguería en su pódcast *Tengo un Plan*. Enseguida me llamó la atención la frescura con la que estos jóvenes, cargados de ingenuidad y entusiasmo, conversaban con sus veteranos invitados, todos ellos personalidades muy relevantes en sus respectivos campos de especialización. En paralelo, hasta diez personas de mi ámbito personal me insistieron en que tenía que ser uno de ellos. Mi respuesta era siempre la misma: «Si tiene que ser, será».

Y, al final, fue. Cuando se pusieron en contacto conmigo, pareció desde el primer momento como si fuéramos buenos amigos de toda la vida. A decir verdad, aluciné cuando me llevaron a su estudio de grabación: un trastero ubicado en un polígono industrial de Zaragoza. Menuda genialidad convertir aquel diminuto zulo en un lugar de encuentro intelectual. Ahí conocí a la madre de Sergio, una mujer encantadora y muy comprometida con su desarrollo personal. Y también a otros amigos suyos, todos ellos muy inquietos mental y espiritualmente.

En el estudio mantuvimos una conversación muy sincera y apasionada, centrada en el arte de aprender a estar solos y amar la soledad. Estábamos tan conectados que la sesión se me pasó volando. Luego me explicaron sus planes de futuro, y al despedirme de ellos, en la estación de tren, pensé: «Vaya par de cracks. Estos chavales se van a comer el mundo». Y así está siendo.

Dicho esto, querido lector, quiero que sepas que este no es un libro más sobre éxito y autoconocimiento. Más bien es una ventana a conversaciones que inspiran de verdad, que te mueven de dentro hacia fuera. Cada página destila la esencia de esas charlas, repletas de pepitas de sabiduría con las que transformar tu vida. Es hermoso ver cómo Sergio y Juan han convertido experiencias y aprendizajes personales en enseñanzas universales. Felicidades también a su fantástico editor, Carlos Martínez, por llevar este libro a tan buen puerto.

El prejuicio de la edad

Estos chavales de veintitrés años nos demuestran que la edad es solo un número. Que ser joven no es sinónimo de ser inexperto, sino de tener una perspectiva fresca, un ánimo incansable para cuestionar lo establecido y, sobre todo, una capacidad única para soñar en grande. Y te contagian, vaya que sí. Encarnan la belleza de ser amateurs. Se nota claramente que aman lo que hacen.

Juan y Sergio están destinados a ser dos referentes de una generación que algunos denominan «perdida» pero que en realidad está en plena búsqueda, explorando nuevos territorios relacionados con la identidad y el propósito vital. En lugar de seguir los caminos trillados que sus predecesores despejaron, están forjando su propia senda. Y están inspirando a millones de seres humanos a encontrar la suya propia.

En un tiempo en que las viejas estructuras sociales y económicas están desmoronándose, estos jóvenes han emergido en el panorama cultural como una nueva forma de liderazgo cooperativo. Lo cierto es que han sabido conectar con audiencias de todas las edades. Y no porque tengan todas las respuestas, sino porque están dispuestos a formular las preguntas más difíciles e importantes, enfrentando la incertidumbre contemporánea con una mezcla de pragmatismo y optimismo.

Entre otras lecciones, Juan y Sergio nos enseñan que ser parte de una «generación perdida» no es una sentencia de desorientación, sino una invitación para redefinir lo que significa encontrar y crear sentido en nuestra vida. Y han convertido *Tengo un Plan* en un espacio para el diálogo intergeneracional, que es crucial para el progreso colectivo.

El arte de escuchar

Estos dos jóvenes han logrado algo que va más allá de simplemente conducir un diálogo o dirigir un pódcast. Han creado un espacio donde las mentes más brillantes quieren estar presentes, no solo para hablar, sino para compartir y explorar ideas en profundidad. Han sabido atraer a pesos pesados del mundo empresarial y espiritual, de modo que su plataforma sea un punto de encuentro para la sabiduría compartida.

Lo que los distingue es su habilidad para conversar de manera honesta y profunda. No se limitan a hacer preguntas; escuchan —pero escuchan de verdad— y captan no solo lo que se dice, sino también lo que queda implícito en las pausas y los matices. Este nivel de consciencia, presencia y atención hace que sus invitados puedan mostrarse vulnerables y se abran de maneras que pocas veces se ven en otros foros.

Juan y Sergio han entendido que el verdadero arte de la conversación radica en la curiosidad sin pretensiones y en la apertura sincera a aprender. Toda una oda a la humildad. Cada episodio es una exploración, un viaje que no tiene un destino predeterminado, sino que se va construyendo con cada intervención y cada nueva perspectiva que los invitados aportan. Esta dinámica convierte cada entrevista en una sesión única de intercambio intelectual y emocional que captura la esencia de cada invitado, revelando tanto su conocimiento como su humanidad.

Su capacidad para atraer a estos gigantes no es casualidad; es el resultado de una reputación bien ganada de respeto y valor genuino. Los invitados llegan sabiendo que tendrán la oportunidad de compartir su visión sin ser interrumpidos o desviados por agendas ocultas. En este espacio son libres de expresar sus pensamientos más complejos y sus *insights* más innovadores, lo que, a su vez, enriquece a la audiencia, que busca inspiración y guía. Todo ello ha quedado perfectamente reflejado en el pedazo de libro que tienes en las manos, que vas a disfrutar como un enano.

Por todo ello, queridos Sergio y Juan, me quito el sombrero ante vosotros una vez más, y os felicito de corazón por ser quienes sois y hacer lo que estáis haciendo. Os deseo lo mejor en la vida. Y, por favor, nunca dejéis de amar lo que hacéis. La humanidad os lo agradecerá.

Borja Vilaseca

Introducción

¿Por qué deben leernos a nosotros?

No es fácil escribir un libro sobre crecimiento personal en todas las áreas. Y menos aún cuando los autores son dos chavales de veintitrés años a los que probablemente no conozcas y que con este libro pretenden darte consejos sobre cómo debes vivir.

Menudo momento de la historia, ¿verdad? Aquí cualquiera puede sacar el móvil, darle al botón de grabar y ponerse a dar consejos a la gente sobre cómo vivir mejor, cuando tal vez la misma persona que se está grabando es la última que los aplica en su vida.

Entendemos que pienses eso, pero no compartimos ese punto de vista.

Ahora es el mejor momento de la historia por muchos motivos, pero uno de los principales es la democratización de la información de valor para cualquier persona que tenga internet y ganas de aprender. Es el momento más fácil de la historia para nacer pobre y morir millonario. Esto hace cien años era prácticamente imposible. En cambio, ahora con mil euros ya puedes empezar un negocio digital que te genere muchos ingresos y que sea muy rentable desde los primeros meses.

Puede que nos leas con escepticismo, y es normal. De hecho, te animamos a mantener ese cuestionamiento a lo largo de todo el libro. Nosotros no nos creeríamos nada que luego no validáramos con nuestra experiencia personal.

Somos Juan y Sergio, o Sergio y Juan, como tú quieras. Somos dos amigos del mismo barrio de Zaragoza que se conocen desde hace más de ocho años y que comparten la pasión por ser una mejor versión de ellos mismos. Ahora mismo tenemos la suerte de contar con un pódcast (*Tengo un Plan*) al que invitamos a las personas más interesantes que se nos ocurren y charlamos con ellas durante horas para sacar píldoras, ideas y aprendizajes que nos puedan servir a todos en nuestro día a día.

Tengo un Plan ha crecido mucho, mucho más de lo que hubiéramos imaginado. De hecho, más de lo que estábamos preparados para asumir.

Iba a ser un proyecto que nos permitiría ganar dinero por hablar con gente increíble de la que aprender. Lo que pasa es que esta iniciativa, que se suponía que sería a tiempo parcial, ha ido mucho más allá.

La idea que quisimos validar en enero de 2023 en el trastero de un edificio abandonado de nuestro barrio ha dado la vuelta al mundo. Obtuvimos más de 110.000.000 visitas en catorce meses y conseguimos hacer eventos con miles de personas, viajar a países a los que nunca hubiéramos imaginado que nos invitarían para dar charlas…

En general, siempre nos mentalizamos para cuando las cosas salgan mal, pero nunca nos preparan para cuando las cosas van extremadamente bien. Para cuando te despiertas un día y te das cuenta de que has conseguido todo lo que pensabas que no sería más que un sueño: ganas más dinero del que gastarás en años, no tienes horarios de trabajo fijos, tienes libertad de espacio absoluta, cuando vas por la calle la gente te pide fotos y te agradece tu trabajo... Sin embargo, tú te sientes el mismo chaval sencillo que empezó en todo esto hace años sin saber si realmente valía para ello.

No nos quejamos. Estamos bien y agradecidos, pero es cierto que la felicidad no está en el restaurante de estrella Michelin. La felicidad está en el Airbnb de 20 €, a las afueras de una capital, donde haces el *check in* a la una y media de la noche ya que acabas de llegar con el coche antiguo de tu familia tras parar a cenar en el Burger King de la autopista porque todo estaba cerrado, y a la mañana siguiente tienes que grabar el mejor episodio posible. Ahora tenemos la suerte de que la gente quiere venir al pódcast, pero antes no era así.

Estuvimos más de ocho meses recorriendo toda España con un Opel Zafira de 2006 (de casi tantos años como nosotros mismos) y una maleta enorme donde estaba todo el material del pódcast. Muchas veces no sabíamos si estábamos en Madrid o Barcelona. En ese momento nada importaba, solo queríamos sacar las mejores entrevistas con las herramientas que teníamos disponibles. Nosotros lo éramos todo: entrevistadores, técnicos de sonido, técnicos de vídeo, chóferes...

¡Qué época más bonita!

No queremos decir que haya que malvivir para ser feliz. Nos referimos a que ese deseo de «Estoy malviviendo pero ojalá algún día todo funcione y no tenga que vivir así» es precisamente lo que luego recuerdas cuando estás arriba. Lo recuerdas con ternura porque en aquel momento estabas conectado contigo mismo, con tu niño interior, con tus sueños, con tu ilusión.

La felicidad es el camino. El camino es el destino.

Y ese camino hemos visto que se puede andar de mil maneras.

Gracias a nuestro pódcast *Tengo un Plan*, podemos ofrecerte cientos de herramientas psicológicas, físicas, nutricionales, económicas y profesionales que puedes utilizar para ir por ese camino que lleva al triunfo y que solo toma el 0,01 % de la población (y, si echáramos cuentas reales de ese porcentaje, probablemente sería mucho menos, porque viviendo en un país como el nuestro, España, ya pertenecemos a un porcentaje muy pequeño de la población mundial que tiene un muy buen nivel de vida).

En eso somos buenos. No es que seamos expertos en nada, simplemente somos muy buenos en ser aprendices. La gente siempre destaca de nosotros la curiosidad, las ganas de aprender y la simpatía. Y aquí venimos a resumir las más de doscientas cincuenta horas de conversaciones que hemos tenido con los invitados de *Tengo un Plan* para contarte todo lo que hemos aprendido.

Quién es Juan, explicado por Sergio

Cuando alguien me pregunta sobre mi amistad con Juan o qué tal es el día a día trabajando juntos, siempre me hace reflexionar sobre todos los años que he pasado con él y lo que han significado para mí.

A alguien que no conozca a Juan, lo primero que le diría es que le caerá genial. Es un tío simpático, sencillo, directo y sin máscaras. Eso último cada vez cuesta más ver en la sociedad. Todos vivimos con capas de apariencia que las redes sociales nos han empujado a tener para encajar, y Juan es valiente y no lo necesita.

Pasar tanto tiempo con alguien, con otro emprendedor, que tiene sus necesidades de libertad, de reconocimiento y de crecimiento (igual que yo), te enseña a respirar profundo y a darte cuenta de que a veces hay que ceder. Es la misma sensación que criarte con un hermano.

Cuando era pequeño, a veces lloraba de la impotencia con mi hermano mayor porque las cosas no se hacían como yo quería. Hoy en día las cosas aún no siempre salen como yo quiero (pero ya no lloro), y por eso estoy tan agradecido de poder trabajar con Juan. Me enseña a ceder, a confiar en las decisiones de otras personas, a acordarme de que tengo a gente a mi lado que me va a ayudar pero que debo permitírselo. Esto ya no es una guerra individual donde deba hacerlo todo yo. Ahora la clave está en el equipo, en mis compañeros de batalla, y, sin duda, es algo que me ha inculcado mucho Juan recientemente.

Agradezco de todo corazón la paciencia que ha llegado a tener conmigo en tantas ocasiones. Soy muy testarudo, y Juan es capaz de evitar que salga su ego y entre en conflicto conmigo, respirar profundamente y comentarme con calma cómo ve él la situación.

Hay dos motivos por los cuales creo que la unión de Juan y yo como socios funciona. El primero es que ya llevábamos años siendo amigos antes de empezar el primer proyecto. Eso creó amor entre nosotros sin interés, sin compromisos, puro amor por estar con la otra persona haciendo cosas. Y el segundo es que nuestras formas de crear y nuestras personalidades son perfectamente diferentes, encajan como piezas de un puzle.

Juan tiene cualidades que yo no tengo, y viceversa. Esto lo plasmamos en las responsabilidades de cada uno en el proyecto y hace que avancemos mucho más rápido.

No quiero enrollarme demasiado, pero me gustaría añadir que si te encuentras a Juan por ahí y sientes la necesidad de hacerte el interesante, no lo hagas. Juan agradece, como yo, la autenticidad de cada uno y la sencillez. Siempre será útil tenerlo cerca para cualquier problema que haya que resolver, como arreglar una cámara, configurar unos micrófonos o saber reparar el coche si se te queda tirado en la carretera. Ese es Juan, y por eso vale tanto.

Gracias por estar siempre ahí y por ser mi compañero en este viaje. Todos estos éxitos que hemos conseguido los he disfrutado mucho más por hacerlos contigo y he crecido mucho más personalmente con cada consejo que me has dado.

Quién es Sergio, explicado por Juan

Inspiración y demostración propia: con estas dos características podría describir lo que significa Sergio para mí.

Inspirar a alguien no es solo hablar; es pegarle tus buenos hábitos para ser una mejor versión de sí mismo. Debes provocar una chispa de acción en el resto de las personas; ahí es cuando realmente inspiras.

Sergio y yo nos conocimos cuando teníamos catorce o quince años. Un amigo de la infancia lo trajo a una de esas quedadas de verano que hacíamos en el parque, y desde el principio vi que Sergio era diferente. Ni mejor ni peor, simplemente era un chico diferente. Y no porque tuviera abdominales de culturista a esa edad, sino porque su manera de pensar no tenía nada que ver con la de un chico de secundaria.

Mucha gente recuerda a Sergio por el reto de México. Por si no lo conoces, el loco se fue con un céntimo de euro a Ciudad de México para sobrevivir ahí durante un mes entero. No te cuento el final, lo tienes en su canal de YouTube. Recuerdo perfectamente un día del verano de 2022 en que me dijo: «Juan, quiero hacer este reto, me marcharé el mes que viene». Sin embargo, aunque sea uno de los hitos que más recuerda la gente de Sergio, como decía, para mí no lo es. Ni de lejos.

Lo que más me sigue sorprendiendo con el paso del tiempo es que un chico de dieciséis años con inseguridades, sin tener ni idea de grabarse, hablando de emprendimiento… consiguiera demostrarse a sí mismo día a día que era la clase de persona que lo iba a conseguir.

Ese es el mayor reto (no grabado) que pienso que ha conseguido Sergio: él mismo se ha convertido en la persona que soñaba a lo grande, a pesar de que todo su entorno no confiaba en él.

Sergio, no sé cuántas veces he estado incómodo por tu «culpa», pero agradezco infinitamente lo que he aprendido contigo y el hecho de haberme convertido en la persona que soy ahora mismo.

Gracias, otra vez, por hacer que este camino tan solitario del emprendimiento se haya transformado en un álbum de experiencias que siempre podremos contar a nuestros nietos.

Sergio, siempre te lo he dicho: te imagino dentro de unos años llenando estadios, transmitiendo esa energía tan potente que tienes y haciendo que muchas personas más se contagien para luchar por la vida que quieren.

¿Cómo nace este libro?

Hay cosas en tu camino que no se deciden. Este libro es una de ellas. Fue a finales de 2023 cuando se nos ocurrió la idea de escribir un libro como forma de ir recopilando los consejos más poderosos que nos habían dado en el pódcast hasta el momento.

Sabemos que dentro de cinco años el contenido daría para escribir varios tomos, pero por ahora queríamos empezar con el primero. Este libro está diseñado de tal forma que puedas recordar fácilmente los distintos conceptos que trataremos. Cada apartado es un principio que veíamos en muchas de las entrevistas. Si hubiéramos sabido antes estas ideas, nuestra vida hubiera sido muy distinta. Es una información que no te van a enseñar nunca en el colegio ni en ningún *paper* teórico.

Eso sería imposible, porque se trata de ideas que nacen de las experiencias vitales de muchos expertos y personas que actúan al máximo nivel mezcladas con su conocimiento técnico de la materia, y después lo hemos fusionado con nuestras experiencias propias en el día a día.

Hemos dividido este libro en cuatro capítulos, puesto que en nuestro pódcast siempre hablamos de estos cuatro campos: autoconocimiento, salud, relaciones y dinero.

El objetivo es que cada día leas una idea o dos del apartado que más te interese en ese momento. No es un libro que haga falta leer de principio a fin; úsalo como una guía para construir tu propio plan de vida. Además, a lo largo del libro, encontrarás gráficos que nos ayudan a ilustrar mejor las ideas, citas textuales de expertos e incluso imágenes que nos permiten contar mejor las historias y experiencias que hemos vivido.

Volviendo a cómo nace el libro, ambos recordamos perfectamente el día que vimos que sería posible que saliera a la luz.

Era 25 de enero y llevábamos solo tres episodios publicados, dos tertulias entre nosotros y una entrevista a Shun, un amigo nuestro que conocía de primera mano la cultura de trabajo en China. Aquel día no nos despertamos en casa, sino en Sant Cugat, Barcelona, y, como hacemos siempre que podemos, fuimos a tomar un café en un sitio tranquilo al empezar la mañana. Ese día íbamos a grabar una entrevista con Raúl Castañeda, de Preico Jurídicos, que luego fue de las que más ruido hicieron. Nos metimos en TikTok y vimos que un clip que habíamos subido con Shun había recibido más de un millón de visitas, y la cuenta de repente tenía 4.200 seguidores.

Fue uno de los momentos más felices que recordamos de ese viaje. Nos miramos ilusionados, pensando: «Este va a ser el proyecto». Por entonces ya habíamos trabajado juntos en dos proyectos de *e-commerce*: un intento de vender relojes de deporte que no llegó ni siquiera a ver la luz, y otro de cosmética sólida natural. Con este último conseguimos facturar más de 36.000 € un año, pero no nos sentíamos alineados con aquel proyecto y decidimos dejarlo.

Cuando creamos *Tengo un Plan*, pensábamos que tenía sentido hacer un pódcast en ese momento. Era principios de 2023, había muy pocos pódcast de crecimiento personal con buenos resultados y estábamos viendo que nuestro comportamiento y el del resto de los consumidores de contenido de este sector (crecimiento personal) cada vez más tiraba hacia contenido más valioso de larga duración.

En habla inglesa siempre van por delante, y ahí los pódcast desempeñan un papel destacado en el contenido y en las marcas personales de este sector. Así pues, viendo que Sergio ya tenía experiencia creando contenido (desde 2018) y que la inversión inicial sería relativamente mínima (8.000 € en montar el estudio y adquirir cámaras y luces), decidimos intentarlo.

La esencia de *Tengo un Plan* es que, con independencia de lo famosa que sea la persona que tenemos delante, nuestro objetivo nunca será hablar de polémicas. Nosotros queremos hablar de aprendizajes, de fracasos, de logros y de temas que nos hagan mejores a todos. Ya hay suficiente ruido en el mundo.

Usa este libro como una guía a la que acudir cuando te notes descentrado o falto de motivación o felicidad. Aquí siempre estarán esperándote estas ideas. Que, aparte de ser la hostia, te harán recordar los principios en los que se basa cada área de la vida.

Nos encantaría que nos contaras tu experiencia con el libro. Si subes una *story* a Instagram, por favor, etiquétanos a @tengounplanpodcast y utiliza el hashtag #TengounPlan para que podamos encontrarte y ver tus experiencias con el contenido de este libro.

1

Autoconocimiento

Principio 1

Tú eres la única persona con la que vas a estar el resto de tu vida

Seguro que todos hemos leído o escuchado esta frase en alguna ocasión. Aunque parezca un cliché, es realmente importante interiorizarla. La mayoría de las veces, damos más importancia y valor a cosas o personas externas que a nosotros mismos. Tenemos más cuidado con las cosas que decimos a otras personas que con lo que nos decimos a nosotros, y somos más amables con el vecino que casi ni conocemos que con nosotros.

Tus padres, tu familia, tus hermanos, tu pareja... estarán en tu vida durante un periodo de tiempo, pero nunca estarán a tu lado el cien por cien de tu vida. La única persona que estará contigo hasta el último día eres tú. Priorízate siempre. Y priorizarse significa que primero vas tú y luego el resto. Tienes que cuidar tu salud, ser responsable de tu economía, preocuparte de tu educación (más allá del sistema educativo) y mantenerte con una imagen que a ti te guste, no que «encaje» con un grupo social concreto.

La felicidad es un concepto muy abstracto. De hecho, la definición es muy distinta para cada persona. Perseguir la felicidad puede ser un error en sí mismo, porque al perseguirla estás asumiendo que no la tienes. Hay personas que dicen que la felicidad es satisfacción, otras creen que es estado de alegría, otras que es un estado de paz.

Los estoicos la definen como «eudaimonía», es decir, como una mariposa que se apoya en tu hombro cuando haces lo correcto. No se persigue, sino que se atrae. Y eso sucede cuando haces cosas que te hacen bien a ti. Elegir salir a dar un paseo sin el móvil durante una hora por tu barrio y simplemente apreciar lo que tienes alrededor te acercará mucho a la felicidad. ¿Por qué? Porque la felicidad consiste en necesitar menos. En no depender de algo externo y, menos aún, algo material.

El otro día, estábamos escuchando un pódcast (sí, aún nos da por escuchar pódcast de otros) y la persona entrevistada decía que la gente es infeliz porque se distrae con falacias. En lógica, una falacia es un argumento que parece válido pero no lo es. Algunas se cometen intencionadamente para persuadir o manipular a los demás, mientras que otras se cometen sin intención debido a descuidos o ignorancia. La más típica es eso de decirnos que algún día habremos trabajado lo suficiente como para tener resultados que nos hagan ser felices siempre. Es decir, ahora sacrificamos la felicidad pensando que algún día todas nuestras preocupaciones se habrán disuelto. Pero nunca llegará ese día.

Estamos aquí para ser útiles. Para amar a los demás. Amar a los demás no es simplemente dar besos, no; amar también es hacer cosas que ayuden a los demás, hacerlas con buena intención. Si no hacemos lo que hemos venido a hacer (ser útil en la forma que quieras), es lógico que nos sintamos desconectados o vacíos de felicidad. Por lo tanto, el primer paso hacia una vida más plena y feliz es trabajar en mejorar tu vida. No serás más feliz de vacaciones en la playa, sino que eres más feliz cuando te ocupas en vez de preocuparte. Cuando te has ocupado de tus relaciones, de tu profesión, de tu dinero, de tu cuerpo, de tu mente..., es mucho más fácil ser feliz.

El psicólogo «antipositivismo» Ventura del Charco nos contaba que la mejora tiene que ser una herramienta para ti, en lugar de convertirte a ti en un esclavo de la mejora:

> Haz las cosas porque a ti te mueven, no únicamente para ser una mejor versión. Aquí entramos en un tema muy delicado. Mucha gente ha empezado a ser su mejor versión pero sin pararse dos veces a pensar: «¿Esto es para mí?». Párate a pensar. La mejor versión no es la más productiva, sino la que más conectada está con tu yo interno. Las redes sociales han hecho que nos convirtamos en esclavos de querer ser una persona que aparenta y hace las cosas por satisfacer al resto. Si yo necesito la aprobación de todo el mundo, le doy el poder de ser mi juez a todo el mundo.

Al ver que cada invitado nos daba su propia definición de éxito o felicidad según sus propias experiencias vitales, decidimos empezar a plantear a nuestros invitados más escuchados varias preguntas de diferentes áreas de nuestra vida: salud, salud mental, propósito/trabajo y relaciones.

Si pudieras escribir una frase en un cartel publicitario que fuese a leer todo el mundo, ¿qué pondrías?

Esta pregunta se la planteamos a Curro Cañete, Borja Vilaseca y Sergio Fernández, y nos gustaría destacar sus respuestas, respectivamente:

> No estás solo. Estás con la persona más importante de tu vida: tú mismo. Cuida de ti.

> ¿Qué estás haciendo tú para cambiar aquello de lo que te quejas?

> Yo pondría esto: www.ippformacion.com/regalo. ¿Por qué? Porque cada día escribo un correo electrónico con una reflexión sobre desarrollo personal, profesional o financiero. Ahí cuento los aprendizajes más valiosos que la vida me va regalando, así que, más que una reflexión, comparto trescientas sesenta y cinco al año.

Fíjate en que estas tres frases se centran en ti. Es importante que dejemos de basar nuestro bienestar en las cosas externas a nosotros.

Que tu proyecto haya tenido un problema no es algo que esté dentro de ti. Lo que pasa en política no tiene que ver contigo. Las muertes y tragedias que invaden el telediario cada día no son culpa tuya.

Además, te sientes pleno cuando te das cuenta de que todo lo que te sucede en la vida, así como tu paz mental, depende solo de ti y no necesitas nada externo para conseguirlo. No pasa nada por no haber llegado a la meta; realmente no existe ninguna meta, solo hay camino. Cuando piensas que has llegado a «la meta» y paras (por ejemplo, a nosotros nos pasó al conseguir la libertad financiera), empiezas a sentirte vacío, más infeliz. Eso es porque estás centrando tu felicidad en el resultado y no en la acción que te ha dado el resultado.

Tómate los resultados de la vida como cosas externas a ti. Para ti solo existe la acción que vas a hacer cada día para mover la pelota. Moverla en dirección ascendente, hacia nuevos retos, nuevas áreas que sientes que debes transitar. Y si estás asustado, menuda suerte tienes. El miedo solo está para indicarnos que ese es el camino que debes seguir. Cuando haces algo con miedo, te sientes orgulloso de ti mismo y eso retroalimenta tu autoestima, te hace sentir más capaz y aspirar a retos más grandes.

Pero ¿para qué quiero más retos? ¿Más dinero? ¿Más éxito? Son preguntas que pueden surgir una vez avanzas por el camino. Ya has conseguido los objetivos que soñabas y no entiendes qué necesidad hay en seguir pasándolo mal. Aquí el consejo que te damos es recordar lo que ya hemos comentado: la felicidad se encuentra en nuestro crecimiento. Si no sigues transitando los caminos que tienes delante, de crecimiento y mejora personal, empezarás a sentirte peor, vacío, sin ilusión, y notarás que tu alma se va apagando.

Qué más dan el dinero, el reconocimiento o el número de seguidores. Eso no importa. No trabajes por eso; trabaja para sentirte bien, para sentirte útil, para sentir que estás aprovechando las horas que te han regalado en esta vida, que, por cierto, no son tantas. Aunque pienses que debes descansar y «pasarlo bien» porque la vida se acaba, tu reacción debería ser la contraria. «Voy a vivir plenamente, y cuando tenga noventa años y apenas pueda moverme, echaré la vista atrás y pensaré: "No me arrepiento de nada y estoy muy orgulloso de lo que he hecho"».

Eso es básicamente lo que nosotros perseguimos, ese es el motivo por el que trabajamos cada día. Con ese trabajo nos sentimos plenos y útiles.

Cuando hagas lo que tienes que hacer, es importante que te lo pases bien. Vivimos muy distraídos, perdemos mucho tiempo en cosas y personas que no nos suman, y es mejor hacer una actividad que te guste o pasar tiempo con gente que quieras después de haber trabajado o haberte esforzado en crecer (en todas las áreas), porque así tu nivel de felicidad será infinitamente superior.

Principio 2

Lo que un sabio me dijo una vez sobre el propósito

Un día te despiertas y todo es diferente. Por ejemplo, un martes cualquiera a las siete y media de la mañana. Abres los ojos y, sin moverte de la cama, miras por la ventana con una media sonrisa. En ese momento sientes un estado pleno de gratitud que eres incapaz de explicar con palabras; estás agradecido de verdad.

Todos nos rompemos la cabeza buscando un significado a «propósito». Nosotros seguimos buscándolo y preguntándoselo a todos los invitados.

No tenemos claro que el propósito sea algo tangible como tal, igual que la felicidad. Cuando preguntamos: «¿Qué significa "felicidad"?», nadie tiene una respuesta clara. Pero entonces ¿por qué perseguimos el propósito si nadie sabe lo que es? En el fondo, no es una explicación verbal, sino una sensación emocional.

Cuando hablamos con Sergio Fernández, experto en emprendimiento, describía el propósito como una sensación de paz mental al final de la jornada por saber que has dedicado las horas limitadas de tu día a aquello que te ha hecho sentir bien. Esto no significa rascarte la barriga mientras comes Filipinos y helado. Hay horas, días y momentos en que lo que estás haciendo no es lo que más te apetece, pero lo importante es saber constantemente el papel que esa actividad tiene en nuestro camino. Sergio planteaba la pregunta siguiente: «¿Quién dirías que es más feliz: la persona que tiene claro para qué hace lo que hace y el valor que aporta a esa organización, o la persona que va por ahí de lado a lado divagando porque no se ha planteado ni qué hace aquí?». Pues en una empresa pasa lo mismo: si una empresa no está compuesta por un conjunto de personas que saben qué hacen ahí y van con actitud de servicio y propósito, esa empresa no tendrá futuro.

Entonces, de momento, sacamos la conclusión de que el propósito es más una sensación que un pensamiento y que podemos decidir a partir de hoy vivir desde esa sensación. Para hacerte más fácil esta explicación, imagínate que es como si vivieras todos los días con esta pregunta en la cabeza: «¿Cómo puedo ayudar yo aquí?».

Cuando vives desde esa sensación, te das cuenta de que todo te viene bien. En cambio, cuando no vives desde esa sensación, todo te va mal. ¿Te das cuenta? Esto es como aquel conocido gruñón (todos tenemos uno) que parece una radio de quejas y cualquier excusa es buena para quejarse: «No me jodas, hoy está nublado…», «Ala, venga, ¿y ahora qué le pasa al mando de la tele?», «Joder, no tengo arroz, tengo de todo menos arroz en la despensa, qué mala suerte…». Ya nos entiendes. De hecho, te proponemos un ejercicio que recomienda hacer Sergio Fernández: estate una semana sin quejarte. Cuando te fuerzas a no quejarte, tu cabeza no puede centrarse en lo negativo para resaltarlo en forma de queja, así que no le quedará más remedio que centrarse en lo positivo, como si le hicieras un jaque al rey.

Curro Cañete nos decía que él tardó mucho en despertar, y que nosotros teníamos mucha suerte por haberlo hecho pronto. Sin embargo, nunca es tarde, y siempre es buen momento para sentir que vas en la dirección correcta. Con treinta y dos años, Curro salió del armario, se dio cuenta de que no le gustaba el trabajo y que tenía cero atributos de una persona que confía en sí mismo. (Sí, Curro Cañete, autor de *El poder de confiar en ti*, decía que no tenía confianza. Enseguida hablaremos de esto, porque tiene una explicación). Ese fue su momento de despertar, pero cada uno tiene el suyo.

SERGIO: Juan, te voy a contar algo que hace que se me ponga la piel de gallina solo de pensarlo.

JUAN: Me vas a recordar cómo estaba el brownie que comimos en esa cafetería de Londres, ¿no?

SERGIO: Ja, ja, ja, ja, ¡qué va! Aunque me comería dos ahora mismo… Me refiero a un momento muy personal, mucho más profundo. El momento en el que la vida me hizo despertar.

JUAN: ¿Con «despertar» te refieres a encontrar lo que quieres hacer con tu vida?

SERGIO: Exacto. Mi despertar. El momento que pasé a ser responsable de mi vida. En 2017, después de estar los últimos cuatro años de mi vida con muletas, en hospitales y «sin pasiones», recuerdo mirarme en el espejo y pensar: «¿Qué vas a hacer con tu vida?». No tenía respuesta. Ahora, con el tiempo, me doy cuenta de que es normal no tener respuesta y que muchas veces debes rendirte a lo que la vida te pone delante y hacer cada cosa con tu mejor intención. Pero, claro, estas movidas espirituales y poco materiales no le cuadraban nada al Sergio de aquel entonces.

JUAN: Es que, tío, a una persona no creo que al principio le motive «hacer las cosas con intención de dar amor al de al lado». Al principio lo que te motiva es la libertad, los coches... Pero, cuando sentiste eso, ¿cuáles fueron los siguientes pasos? ¿Cómo siguió avanzando ese proceso?

SERGIO: Si algo puedo aconsejar acerca de este proceso es cambiar la mentalidad de «no responsable» a «responsable». En aquel entonces, cursaba cuarto de la ESO y tenía quince años, y de una semana a otra dejé de ver mi futuro de la misma forma. Dejé de pensar: «Vale, estoy donde la sociedad quiere que esté y espera de mí. Ahora curso la ESO, luego bachillerato, después una carrera, si tengo ganas un máster, y con suerte encontraré un trabajo de 2.500 € al mes con buenas condiciones y que me guste». Esa era la mentalidad que tenía mucha gente de mi alrededor cuando llegué a la universidad, pero yo desde 2017, con quince años, era incapaz de soportarlo. Así pues, a partir de ese día empecé a cambiar, en parte mediante las preguntas que me hacía a mí mismo. Comencé a hacerme lo que Curro llama «preguntas poderosas», como, por ejemplo, «¿Qué clase de vida quiero verme viviendo un martes aleatorio a las ocho de la mañana con treinta años?» y «¿Qué tipo de horario laboral, salario y trabajo me gustaría tener en ese martes?».

JUAN: Tengo que decirte que, en mi caso, no ha sido tan «despertar». Tu historia suena demasiado bien, tío, ja, ja, ja, ja. Para mí, fue tomar conciencia de mi manera de ser. Desde pequeño me sentía diferente respecto a la gente de mi edad. Quería juntarme con personas mayores, iba con los amigos de mi padre y me gustaban los hobbies de mayores.

SERGIO: ¿Te ibas de cervezas con diez años?

JUAN: ¡Nooo! Pero mi padre me regaló una moto antigua y desde pequeño fui con moto. Me empezó a entrar el gusanillo y cada vez quería motos más caras, ir al circuito... Como ya sabes, Sergio, mi padre se rompió las dos rodillas en moto, por lo que no le hacía ninguna gracia que yo tuviera una. Aun así, me hizo el mejor favor que me han hecho en esta vida: pagarme la moto y dividirla en bloques de 15 €, que era lo que me pagaba cada día que yo iba a ayudarlo al taller, y así la fui comprando poco a poco. En ese momento yo lloraba de la impotencia de no poder permitirme mi hobby, pero ahora agradezco cada uno de los días que me hizo ir ahí, porque entonces comencé a sentir esa sensación de buscarme la vida, ser libre financieramente, tener mi horario... Muchas veces tenía debates mentales conmigo mismo sobre si tenía un propósito. Mira, Sergio, si siento que soy útil y tengo ganas de que empiece el día cuando me despierto, para mí eso es tener propósito.

Veamos algunas preguntas más que añadía Curro para que te hagas en tu rutina de escritura diaria:

- ¿Qué quiero y no tengo?
- ¿Qué quiero y tengo?
- ¿Qué es lo que me hace verdaderamente feliz?
- ¿Qué puedo hacer hoy para mejorar mi vida, mis relaciones o mi economía?
- ¿Qué acto de amor por mí puedo hacer hoy?

Y nos gustaría destacar una que contó el doctor Diego Peydro, uno de los profesionales más destacados del sector de la ortodoncia invisible y también un referente en desarrollo personal. Él nos recomendaba cada día escribir en nuestro diario esta pregunta y responderla: «¿Estás viviendo la vida que quieres vivir?». Si la respuesta es repetidamente «no» y no tienes un plan para cambiar el camino que estás siguiendo, es momento de hacer cambios en tu vida.

Como reflexión final sobre el propósito, queremos recordarte que no lo debes convertir en una obsesión. Muchas personas se quedan bloqueadas porque sienten que aún no han encontrado su camino. Este famoso propósito se busca, se mejora con el tiempo y también cambia. De nada sirve que sea algo que nos ata. Durante la vida verás que hay diferentes cosas que nos llaman la atención y que nos hacen darle ese sentido a la vida.

Principio 3

¿Puedes conseguir lo que quieras?

Hay una corriente motivadora en redes sociales que dice que puedes conseguir todo lo que te propongas. Puede que sea cierto, pero creemos que actualmente, en el entorno que vivimos de redes sociales, hay que tener mucho cuidado.

Cada vez vemos a gente más exitosa enseñando su día a día. Con los mejores coches y los mejores relojes, comiendo en los mejores restaurantes… Este tipo de contenido, en teoría inspirador, puede hundirte y empujarte a buscar una vida que en realidad no quieres.

Después de entrevistar a más de doscientas personas en el pódcast (igual cuando estés leyendo esto ya son más de quinientas), hemos visto que cada una es de su padre y de su madre. Hay gente que quiere ser el mejor empresario, otros que pasan del dinero y lo que quieren es meditar; hay personas que quieren lo justo para viajar, otras que quieren donar toda su fortuna… Y eso es lo realmente bonito de cada uno de ellos: que están luchando por alcanzar la vida que quieren de verdad.

Aléjate del ruido de las redes sociales, analiza muy bien lo que quieres hacer y por qué; eso te ayudará mucho a entender cuál es el siguiente paso que debes dar.

Empieza y no te compares ni un solo instante con lo que ves en redes. Cada uno tenemos un contexto y unas circunstancias en la vida. A algunos nos ha llegado la oportunidad antes que a otros, pero lo único importante es saber detectarlas y que te pillen con la mochila preparada.

Uno de los ejercicios que más hacemos en los talleres presenciales es el *ikigai*, que consiste en elaborar un gráfico como este adaptado a tu caso:

***Ikigai*: «Tu razón de ser»**

Este famoso ejercicio japonés nos ayuda a tener alguna pista de por dónde debemos ir y cuáles son los primeros pasos que podemos dar.

Es importante que sepas que no existe ninguna receta que te vaya a decir claramente el paso a paso, del mismo modo que una brújula te orienta en la montaña y tú te encargas de superar los obstáculos. Digamos que con esto elaboramos nuestra brújula, pero ya sabes que hay momentos en los que el camino está cortado y tenemos que dar una vuelta, y por eso conviene que, además de replantearnos la vida cien mil veces, empecemos a mover el culo, que es lo que realmente marcará la diferencia.

Hagamos una cosa: haz el ejercicio del *ikigai* ahora mismo en un máximo de veinte minutos y escríbenos por Instagram a @tengounplanpodcast para dejar huella de que lo has hecho.

Ahora ya lo tienes todo y es momento de que empieces a hacer lo que has escrito en esa hoja. Y recuerda que estás escribiendo tu propia hoja; estás escribiendo lo que tú quieres ser, no lo que ves en redes ni lo que es tu vecino, sino lo que tú te has propuesto conseguir.

¿Qué es para ti realmente la pasión y cómo le recomendarías a alguien encontrar la suya?

Esta pregunta se la hemos planteado a varios invitados del pódcast, y nos gustaría recalcar concretamente las respuestas de Curro Cañete, Borja Vilaseca y Sergio Fernández.

Veamos primero la de Curro:

> Vives con pasión cuando estás conectado con tu propósito, con quién eres realmente, con tus infinitas posibilidades y tu poder creativo. Vives sin pasión cuando te has desconectado por completo de quién

eres y de tus sueños, y te has desviado de tu propósito de vida. A quien se sienta extraviado le recomiendo comenzar respondiendo esta pregunta: «Si todo fuera posible y nadie me fuera a juzgar ni criticar, ¿qué es lo que yo querría hacer realmente?».

Por otro lado, esta fue la respuesta de Borja:

> La pasión es sinónimo de entusiasmo, que etimológicamente significa sentir cómo la vida crea a través de ti. Al convertirte en un canal creativo, sientes una dicha profunda y la noción de que el tiempo desaparece y se funde con el momento presente. Estate atento a lo que te interesa, lo que te gusta y lo que resuena contigo, probando muchas actividades, sectores y habilidades, y tarde o temprano la pasión te encontrará a ti. Lo sabrás porque algo dentro de ti hará clic.

Por último, Sergio nos contó lo siguiente:

> La vida es un proyecto colectivo y cada persona viene a encargarse de algo. Esto ya lo sabes, o por lo menos lo intuyes. Lo que no todo el mundo sabe es que no dedicarte a tu propósito es egoísta. Y a la vida no le gusta nada el egoísmo, pero nada.

Imagínate la vida como un océano y tu vida como una gota de agua. El océano no estaría completo sin la participación de cada una de las gotas que lo componen. Pues bien, la vida espera una cosa de ti: la vida quiere que seas, hagas y tengas lo que hayas venido a ser, hacer y tener a este mundo. La vida espera tu participación. Y, como no quiere que te quedes fuera, te indica el camino de una manera: en forma de pasión.

La vida te lo pone fácil. Hace que tengas un interés especial en algún tipo de asuntos. Eso es la pasión: es la vida dándote instrucciones. La vida se comunica contigo a través de la pasión, y lo hace por una razón: porque te necesita.

Sería raro estar en una empresa y no cumplir con tus tareas. Eso generaría problemas antes o después. Pues pasa lo mismo en la foto grande. Piénsalo. Sería raro venir a este mundo, que tu alma sintiera en forma de pasión qué tienes que hacer y no hacerlo. No dedicarte a ese propósito sería egoísta, porque esto de vivir no solo va de ti, también va de los demás, y para que este proyecto funcione cada persona se tiene que encargar de lo suyo.

Hay tres tipos de asuntos en esta vida: los tuyos, los míos y los de Dios. Tú solo te tienes que encargar de los tuyos. Solo de tu propósito.

Y, cuando no lo haces, la vida protesta. ¿Cómo? Depende. En forma de pobreza, enfermedad o malestar interior. No lo sé. Depende. Pero lo que sí que sé es que la vida es generosa, así que primero susurra, luego habla y al final, si no le hacemos caso, grita. Pero al final siempre se hace oír.

Así que hay poco que hacer para encontrar esa pasión. Afortunadamente. Solo hay que seguir las instrucciones de la vida. Porque del mismo modo que no podrías estar en una empresa sin cumplir con tu cometido, tampoco puedes estar en la vida sin cumplir con lo que sea que hayas venido a hacer.

Al menos no de manera indefinida, porque eso sería egoísta.

Itiel Arroyo es otro de los entrevistados que más nos marcó en *Tengo un Plan*. Esa entrevista nos la recomendó que la hiciéramos Marcos, un gran amigo nuestro. Nosotros no conocíamos de nada a Itiel ni su trabajo, pero investigando vimos que era predicador cristiano. Nunca habíamos traído a alguien tan religioso al pódcast y no sabíamos muy bien si esa conversación podría llegar a ser interesante para nuestro público o si estaría demasiado orientada a la religión.

Al final, como hacemos normalmente, decidimos abrir los brazos a lo que la vida nos pone delante. Si Itiel había aparecido así en nuestra vida, a lo mejor era porque nos tenía que enseñar algo. Visto ahora con la perspectiva del tiempo, probablemente sea una de nuestras conversaciones favoritas de todo el programa. Más de setecientas mil personas la escucharon y mucha gente la describe como «la conversación que necesitaban escuchar sobre amor y espiritualidad». Itiel nos regaló unas píldoras sobre amor, familia, espiritualidad y sentido de la existencia que nos hicieron volver a escuchar el pódcast una vez lo publicamos, porque sentíamos que no habíamos llegado a asimilar todo lo que contó.

Al hablar sobre qué es el alma, Itiel decía: «No somos solo un cuerpo; somos un alma que tiene un cuerpo. La espiritualidad es trascender los átomos que lo componen y ver cómo se comportan entre sí para dar los acontecimientos que vemos: la vida». Itiel se emocionó en el pódcast cuando hablamos de la grandeza de ver a otra persona cumplir el plan de Dios, como si la felicidad plena del ser humano se alcanzara en servir a otros. Ese «plan de Dios» no es el plan de un señor, un dictador, que marca cómo se tienen que hacer las cosas. Es el plan de la abundancia, del bien, de la virtud, de lo correcto, de la buena intención del progreso y de la contribución. El plan de Dios es el buen plan que te acerca a la verdadera luz que tienes dentro.

Es un camino que vas descubriendo poco a poco cuando te mueves; mientras andas aparecen mentores, oportunidades y experiencias. Pero, sobre todo, me quedo con que, desde ese prisma del mensaje de Dios, Itiel nos decía lo mismo que el resto de los expertos: «Propósito es servir a los demás». Y añadía: «Me siento satisfecho cuando me voy a dormir habiendo aportado a una persona, habiéndola empujado hacia el plan que tiene Dios».

Antes hemos dicho que retomaríamos el hecho de que Curro se dedicara a hablar de autoconfianza cuando precisamente él tenía muy poca confianza en sí mismo unos años antes. Es algo muy interesante, y presta atención porque puede darte muchas pistas sobre cómo será tu vida dentro de unos años.

Se necesita una enorme cantidad de horas de investigación y de experiencia para llegar al punto de poder considerarte «experto» de un tema. Hay quien dice que se consigue cuando dedicas más de cuatro mil horas a algo, pero, más allá de un número de horas, tú eres consciente de cuándo estás en un punto dónde sabes la respuesta a cualquier pregunta que te hagan sobre un tema. La cuestión es que para dedicar tantas horas a algo te tiene que gustar mucho esa actividad, y, si te fijas, las personas solemos prestar más atención a aquello que nos preocupa. Recuerda un momento en tu vida, ya sea pasado o reciente, en el que algo te preocupara. Un problema de salud, las condiciones de un viaje, un reto deportivo, una cita con el posible amor de tu vida... Tu trabajo de investigación previo a ese acontecimiento era de una calidad y una concentración tan grandes que sentías que el tiempo volaba mientras investigabas e investigabas.

Cuando tienes una carencia o un dolor grande en tu vida, normalmente eso provoca que prestes más atención a esa cuestión con el objetivo de reducirla o de convertirte en una persona capaz de dominarla. Como has dedicado tantas y tantas horas a solucionar ese tema, estás haciendo una transformación, y eso hace que llames la atención de personas a tu alrededor. Te preguntan cómo lo has hecho, te piden consejo o trucos... Y en ese momento empieza lo que llamamos el «círculo de refuerzo positivo ascendente»: haces algo, la gente te refuerza positivamente, ese *feedback* te hace sentir bien y lo asocias a esa actividad, y por eso sigues haciéndola, haciéndote cada vez mejor, y a su vez tienes más y más *feedback*, y así sucesivamente. De repente, te despiertas un día y dices: «Mi pasión es el fitness y ayudar a la gente a perder peso», o bien: «Mi pasión son las mascotas y evitar que contraigan posibles enfermedades en las ciudades».

Es decir, tú no has descubierto tu pasión, sino que te has topado con ella por las circunstancias de la vida, después has trabajado y, al cabo de mucho tiempo, te encuentras en la situación de ser experto en ese tema. Es algo dinámico que está en constante crecimiento, y sí, la pasión también va aumentando. Por ello te recomendamos que prestes atención a tu pasado, a los momentos más duros de tu vida, a los temas que comentas con los amigos y que los ayudas a resolver, y te encanta hacerlo porque te parecen cuestiones «muy importantes». En todos esos detalles vas a tener pistas.

Principio 4

El *outfit* de una persona con resultados

Una persona hippy viste de una forma, un roquero viste de otra, y un emprendedor con resultados también tiene su propio *outfit*. En este capítulo queremos contarte cuál es el *outfit* que hemos visto que tienen los emprendedores de éxito que hemos conocido.

Tal vez pienses que te vamos a decir las marcas de lujo que tienes que llevar si quieres conseguir buenos resultados, pero no, lo que te queremos contar son los valores y las características que tienen estos emprendedores:

Ser buena persona y no dejar cadáveres por el camino

Podemos destacar muchos aprendizajes tras compartir tantas horas con el empresario José Elías, y un gran aprendizaje que sacamos de todas ellas es que es importante que seas buena persona y no dejes cadáveres por el camino. A lo mejor piensas que no necesitas a nadie, pero tómatelo como una oportunidad de dar al mundo lo que a ti te gustaría recibir. A todos nos gustaría que no nos la jugaran; por ejemplo, que no le fallaran al amor de tu vida en un proyecto que le hace brillar los ojos de la ilusión. Se puede llegar a la cima de muchísimas formas, pero todos los emprendedores que hemos visto que llegan de una forma digna son muy buenas personas con toda la gente que se acerca a ellos.

Socializar y aprender a comunicar

Vivimos en un momento de la historia donde aprender a comunicar será crucial para el crecimiento. Para nosotros, saber comunicar va más allá de hablar sin muletillas. Saber comunicar es saber qué decir y en qué momento decirlo para conseguir que te pasen mejores cosas en la vida. Por ejemplo, si consigues transmitir confianza en tu contenido de redes sociales y eres coherente con tus ideas, dando buenos ejemplos y contando buenas historias, tendrás muchas más probabilidades de crear contenido viral. Lo mismo sucede en la vida real cuando hablas con gente desconocida y buscas ampliar tu círculo social. A menudo, hacer y hablar menos es mejor para generar más interés en ti a la hora de hacer *networking*. No expongas todos tus logros y lo más interesante de ti nada más empezar la conversación y sin que te hayan preguntado. Hay algo mágico en ir descubriendo cosas inesperadas y espectaculares en la otra persona a lo largo del tiempo a medida que os vais conociendo más.

No quejarse

Puedes vivir la vida desde dos ángulos: desde la culpa o desde la responsabilidad. Cuando vives desde la culpa, solo conectas con emociones negativas que, encima, no te dan la oportunidad de intentar cambiar la situación. Sin embargo, cuando vives con responsabilidad, sientes que tienes el máximo control de las cosas que te pasan y tiendes a pensar que las cosas negativas e inesperadas que te ocurren son simples oportunidades que te está poniendo la vida para crecer. Como ya hemos dicho, Sergio Fernández recomendaba hacer el ejercicio de no quejarse durante siete días. Intenta controlar todas las palabras que salgan de tu boca —tienen más poder de lo que imaginas—, intenta no juzgar a los demás cuando no tienes toda la información de su contexto, no critiques a la persona de al lado... Todos tenemos suficientes asuntos propios como para preocuparnos por los demás. No te quejes, sé responsable.

La disciplina supera el talento

El trabajo duro y la constancia son un músculo, y la gente con resultados lo sabe. La disciplina no se trabaja el día que estás muy motivado, que sabes que te vas a comer el mundo. La disciplina se entrena cuando te despiertas sabiendo que tienes un día largo por delante y, aun así, haces todo lo que te toca hacer, te guste más o menos. El emprendedor y conferenciante Miguel Navarro nos decía que él habla con su mente: «Cuando suena la alarma y me gustaría dormir más, mi mente siempre me intenta engañar diciéndome que puedo quedarme durmiendo y que todo seguirá igual, pero yo hablo con ella y le digo: "No, no. Yo contigo no negocio"». El Mago More usaba la metáfora de la vela y las cerillas: «No me des una caja llena de cerillas, dame simplemente una cerilla y una vela que me permita que la luz dure mucho más tiempo», porque si dependemos de tener solo cerillas prendidas en fuego (que representan la motivación), estas siempre serán temporales, mientras que si usamos esa llama temporal de la cerilla y prendemos una vela (es decir, los hábitos construidos con paciencia durante semanas), esa llama permanecerá encendida mucho más. Si tienes poca fuerza de voluntad, tienes que ir a objetivos más pequeños. La voluntad se trabaja con los hábitos. ¿Cómo la entrenamos? Haz algo que no te apetezca cada día. Estos son algunos de los ejercicios que propone More:

- Caminar 10.000 pasos.
- Fregar los platos todos los días.
- Hacer la cama todos los días.

¿Hacemos un reto? Durante treinta días, publica la acción más incómoda que estés haciendo y súbelo a tus redes etiquetándonos (@tengounplanpodcast), así podremos chequearlo.

Estar dispuestos a esperar diez años

Ser disciplinado es muy importante, pero tienes que estar dispuesto a esperar mucho tiempo para obtener un buen resultado. Podríamos decir que ahora mismo es una de las características que más marcan la diferencia. Estamos en la sociedad de la inmediatez, una sociedad en la que si no conseguimos algo en cinco minutos no nos sirve, en la que esperar a que el móvil cargue una foto acaba con nuestra paciencia, en la que hacer una cola de tres personas en el supermercado nos fastidia el día… Por eso, si alguien es capaz de trabajar la paciencia, de mantenerse en ese proceso diario en el que no buscas cambiar tu proyecto en un día, sino crear un plan a largo plazo, esa persona es la que finalmente conseguirá el éxito. Normalmente sobrevaloramos lo que podemos hacer a corto plazo e infravaloramos lo que podemos hacer a largo plazo. Hoy en día, una persona normal y corriente puede cambiar su vida en menos de cinco años, pero eso es un periodo de tiempo suficientemente largo como para que muchos tiren la toalla.

Que te pille la suerte con la mochila preparada

A muchas personas, el ego les tapona los oídos y piensan que nadie les puede enseñar nada. Eso se debe a una simple razón: se comparan y no les gusta su posición. Es importante que te compares siempre contigo mismo; cada viaje es diferente en esta vida, así que deja de mirar cuántos Ferraris tiene tu vecino. Lo más importante es que ver los Ferraris de tu vecino te inspire a pensar: «¡Ostras! ¡Sabe un montón de cosas que yo no sé ahora mismo!». (La gente que sabe más que tú no necesariamente tiene un Ferrari, puedes aprender de cualquier situación).

SERGIO: Juan, ¿te acuerdas de cómo surgió la idea de hacer el pódcast? Madre mía, menos mal que no escuchamos lo que nos decía la cabeza aquellos días.

JUAN: Sí, sí, fue en ese evento al que fuiste de fútbol de emprendedores, ¿no?

SERGIO: Exacto, vino David y me dijo que ya no veía mis vídeos, que ahora escuchaba pódcast y que tenía que hacer uno. En realidad, pensándolo bien, este proyecto solo ha funcionado porque ya llevábamos años haciendo la mochila.

JUAN: ¿A qué te refieres con «hacer la mochila»?

SERGIO: Me refiero a que ya habíamos montado otros negocios juntos que no terminaron de funcionar, pero, a pesar de eso, esos proyectos nos dieron una experiencia trabajando juntos que nos permitió avanzar mucho más rápido en todo el proceso de este emprendimiento.

JUAN: Y, aun así, fíjate en lo que nos decía nuestra cabeza: «No, no podemos hacer esto ahora, no tenemos tiempo».

SERGIO: Ja, ja, ja, ja. Tal cual, menuda locura pensar que casi nos quedamos sin *Tengo un Plan*. Siempre hay tiempo, ¿eh? Solo es cuestión de ordenarse bien las prioridades.

JUAN: Sí, sí. De todos modos, lo que hicimos bien fue hacer una prueba. Hicimos tres episodios piloto para ver si tenía sentido la estrategia que teníamos en la cabeza. El resto es historia. Con esos tres episodios ya empezaron a explotar las métricas de reproducciones.

José Elías da por hecho que existe la buena suerte, y explica que uno de cada diez proyectos suyos van bien pero te tiene que pillar trabajando la suerte.

Cuando empieces a ver la vida como oportunidades de aprender y no te compares, verás la gran abundancia de oportunidades que hay. Si algo destacamos de todas las personas de mucho éxito que hemos conocido, es la capacidad que tienen de estar callados y escuchar.

Eso es lo realmente inteligente: cerrar la boca y aprender de todo lo que puedas para aplicarlo en tu campo.

Del mismo modo, las personas que no lo consiguen también tienen su propio *outfit*. Todas ellas tienen patrones en común.

Ser egoísta, envidioso o victimista

En el episodio en que enfrentamos al *copywriter* Isra Bravo con el Mago More les hicimos una pregunta: «¿Qué valores te gustaría dejarles a tus hijos?», e Isra Bravo respondió: «Yo lo tengo muy claro, no quiero que sea ni egoísta, ni envidiosa, ni victimista». Esto último refleja muy bien la falta de responsabilidad que vivimos ahora mismo. Como comentábamos acerca del *outfit* de las personas con resultados, el primer paso es dejar de echar la culpa a los demás y empezar a tomar responsabilidad de todo lo que te pasa.

La mayoría de las personas de nuestra sociedad viven culpando de sus resultados a agentes externos, y eso hace que nunca cojan las riendas de su vida. «Total, ¿para qué, si es culpa del exterior?», se dicen.

No hagas eso nunca, no pienses siempre que tus resultados se deben a agentes externos. A veces las cosas no saldrán como querías, pues la vida no es un jardín de rosas, pero, aun así, en esas situaciones tú eres el responsable de cómo actúas ante los hechos ocurridos. La gente reacciona de formas muy diferentes:

- El miedo los paraliza y no son valientes.
- No toleran el fracaso (a la primera que se equivocan, se rinden).
- No le dan importancia a su desarrollo personal y solo quieren retorno económico (en vez de ver el retorno de crecer personalmente y de adquirir habilidades que después les darán muchísimo más dinero).
- Están en continua comparación y envidian a quien le va mejor.

El mayor bloqueador de aprendizajes es la envidia. No te dejará nunca aprender de tu entorno. Como dice Yaiza Canosa:

> No me gustan los métodos de hacerte rico, pero la única manera de acelerar el proceso es rodearte de gente que sabe más que tú.

A algunos entrevistados les hemos preguntado: «¿Cuál crees que es el motivo número uno por el que una persona no logra cambiar su vida?», y queremos destacar las respuestas de Curro Cañete y Borja Vilaseca, respectivamente:

> El que busca encuentra. Pero si dejas de buscar antes de encontrar, no encuentras. Es necesario perseverar, creer en ti y tener fe, hasta el final.

> Quedarse anclado en el rol de víctima y cegado por el autoengaño.

Suelen ser personas descuidadas con otras áreas de su vida

Una persona que no presta atención a su situación profesional y que es «dejada» en esa área de su vida es muy probable que también sea descuidada en otros aspectos muy importantes, como las relaciones o la salud. Por supuesto, esto no se aplica al cien por cien de los casos, pero normalmente cómo haces una cosa dice mucho de ti en el resto de las áreas de tu vida. Por eso, cuando le preguntamos a Sergio Fernández sobre cómo empezar un proceso de desarrollo personal en una persona, él nos recomendaba empezar por cuidar la salud. Ese es el primer proyecto de emprendimiento al que debes prestar atención. Cuando eso lo tengas controlado, ya puedes ponerte a trabajar en el proyecto del dinero. Y cuando hagas esas dos cosas y pongas la atención en ser útil, verás que de repente habrás encontrado «tu propósito».

Esto es lo que decía Sergio Fernández cuando le preguntamos por el propósito y la pasión:

> Propósito es ser útil, nada más y nada menos. Pasión es vivir apasionado. Igual que cuando amas a alguien haces cada acción con amor, el primer paso para tener pasión es hacer las cosas de forma apasionada, da igual lo que sea. Todo trabajo tiene una utilidad importante en el mundo. El fontanero que te arregla la tubería del baño es tan importante como los que hacen un pódcast de desarrollo personal. No tengas ego espiritual; todos podemos ser de gran utilidad, y depende de no-

sotros que hagamos con una actitud apasionada cada pequeña cosa que nos toque hacer en el día a día. Ese es el camino para tener propósito y pasión en la vida.

Pide antes de dar

No seas esa persona que se acerca a alguien y se le huele el interés a un kilómetro. Es posible que te interese mucho algo de otra persona y que por eso quieras acercarte a ella, pero desde ese ángulo es imposible construir relaciones fructíferas. Empieza por preguntarte: «¿Cómo puedo ser mi mejor versión con esta persona?», «¿Cómo puedo demostrarle mi intención de ayudar, de ser útil y, sobre todo, de intentar dar sin esperar nada a cambio?». Hay que hacerlo desde una actitud sincera, sin esperar nada a cambio, aunque sepas que esa persona tiene algo muy valioso que podría darte.

Cuando nos surgió la oportunidad de ayudar a José Elías con su marca personal, hubo gente a nuestro alrededor que enseguida nos decía: «Bua, a ese le vais a cobrar una pasta, ¿no?», «José Elías, ¿el multimillonario? ¡Anda! ¿Cuánto os pagará?». Menos mal que ya teníamos bien arraigado este hábito. Precisamente del que más tiene es de quien menos debéis pedir. Imagínate por un segundo cómo tiene que ser un día en su vida: la cantidad de «moscas» que debe de tener siempre alrededor pidiéndole cosas, favores, dinero... Sabíamos que lo mejor que podíamos hacer era seguir este principio, y desde la primera llamada jamás se nombró si nos iba a pagar o no y nunca le pedimos nada a él. Fuimos dispuestos al cien por cien a darle todo lo que teníamos, y sabíamos que sería a cambio de nada.

¿Sabéis qué pasó? Que ahora tenemos algo mucho más valioso que cualquier cantidad económica. Tenemos un gran amigo que, encima, también es mentor nuestro y nos da consejos que no podríamos encontrar en ningún lado. Ahora mismo podríamos llamarle por teléfono para pedirle un favor y nos ayudaría sin pensarlo. Esto es a lo que nos referimos cuando decimos que debemos dar sin esperar nada a cambio. Además, hay algo increíble en dar incondicionalmente al resto: te sientes genial cuando lo haces. Así pues, sales ganando en cualquier caso: al inicio, simplemente dando, y también si con el tiempo te aporta otros beneficios, aunque no los esperes.

Sergio Fernández, para explicarnos esta idea, nos citó una parábola de la Biblia (Mateo 25:14 - Parábola de los talentos):

> Porque el reino de los cielos es como un hombre que yéndose lejos, llamó a sus siervos y les entregó sus bienes. A uno dio cinco talentos, y a otro dos, y a otro uno, a cada uno conforme a su capacidad; y luego se fue lejos. Y el que había recibido cinco talentos fue y negoció con ellos, y ganó otros cinco talentos. Asimismo el que había recibido dos, ganó también otros dos. Pero el que había recibido uno fue y cavó en la tierra, y escondió el dinero de su señor. Después de mucho tiempo vino el señor de aquellos siervos, y arregló cuentas con ellos. Y llegando el que había recibido cinco ta-

lentos, trajo otros cinco talentos, diciendo: «Señor, cinco talentos me entregaste; aquí tienes, he ganado otros cinco talentos sobre ellos». Y su señor le dijo: «Bien, buen siervo y fiel; sobre poco has sido fiel, sobre mucho te pondré; entra en el gozo de tu señor». Llegando también el que había recibido dos talentos, dijo: «Señor, dos talentos me entregaste; aquí tienes, he ganado otros dos talentos sobre ellos». Su señor le dijo: «Bien, buen siervo y fiel; sobre poco has sido fiel, sobre mucho te pondré; entra en el gozo de tu señor». Pero llegando también el que había recibido un talento, dijo: «Señor, te conocía que eres hombre duro, que siegas donde no sembraste y recoges donde no esparciste; por lo cual tuve miedo, y fui y escondí tu talento en la tierra; aquí tienes lo que es tuyo». Respondiendo su señor, le dijo: «Siervo malo y negligente, sabías que siego donde no sembré, y que recojo donde no esparcí. Por tanto, debías haber dado mi dinero a los banqueros, y al venir yo, hubiera recibido lo que es mío con los intereses. Quitadle, pues, el talento, y dadlo al que tiene diez talentos. Porque al que tiene, le será dado, y tendrá más; y al que no tiene, aun lo que tiene le será quitado».

Y es que esto es lo que sucede después en la vida. Cuando tienes la actitud de entregar tu talento y tu energía al servicio de los demás y de ser útil en el mundo, hay un momento en el que recibes abundancia de todos lados, incluso cuando piensas que ni siquiera te la mereces. Solo eres abundancia. De hecho, cuando Sergio Fernández nos comentó esta parábola, nos hizo reflexionar acerca de que la vida era, en su máxima esencia, pura abundancia. Es más, que sucedan cosas malas en el mundo también era un símbolo de abundancia. O hay abundancia de abundancia o hay abundancia de escasez.

Principio 5

Trabaja en tu auto, no en tu confianza

La gente piensa en cómo aumentar su autoconfianza, su autoestima, pero no se fijan en el prefijo común en todas estas palabras: «auto-», que viene del griego antiguo «αὐτο-», que significa 'él mismo' o 'por sí mismo'.

Es un foco en lo incorrecto. Te fijas en la forma con la que te expresas al mundo y te ves como una persona sin autoconfianza, pero si pones el foco en hacer, en crear y en mejorar, te sentirás bien, mejor, más capaz..., y eso aumentará tu auto. Pon el foco en sentir que aquello que has hecho, da igual lo que sea, es tuyo. Eso te hará aumentar el auto y, en consecuencia, la autoestima y la autoconfianza.

Los libros como este, cursos, seminarios, pódcast... no sirven de nada si no influencian o no afectan después a tu auto (porque haces cosas con la información que has recibido con estos recursos). Curro Cañete decía: «El Curro de hace muchos años tenía una autoestima miserable. No se creería nunca estar cuarenta semanas en los libros más vendidos de España. Tenéis que ser perseverantes con las afirmaciones y las visualizaciones cada día».

El escritor Lain García Calvo nos habló de por qué no debíamos contar las metas y por qué tendríamos que hacer un refuerzo positivo con la gente de nuestro alrededor. También nos advirtió de que debíamos tener cuidado con las palabras de juicio o de atributos que decimos sobre otras personas, porque, en el fondo, te las estás diciendo a ti mismo. Para que entendiéramos lo importante que era el refuerzo positivo en las personas, nos explicó el experimento del efecto Pigmalión:

> Se hizo un test de cociente intelectual (CI) en varias clases de un colegio y se intercambiaron los resultados: dijeron a los superdotados que tenían un CI bajo, y a los alumnos con un CI bajo les hicieron pensar que eran superdotados.
>
> También engañaron a los profesores para este experimento. Así pues, se pegaron un curso entero tratando a sus alumnos como algo que no eran. Cuando acabó el curso, aquí viene la bomba: los superdotados sacaron peores notas que los de CI bajo.
>
> Es decir, nuestro entorno y cómo tratas a tu equipo y a tus amigos afectan directamente al resultado que tendrán en la vida.

¡Qué fuerte! Cuanto más aprendes de ti mismo, más te das cuenta de que vivimos encarcelados en unos límites mentales que no nos dejan expandirnos más allá. Límites que crean nuestros miedos, nuestro entorno, etc.

SERGIO: Juan, ¿tú recuerdas cómo conseguiste aumentar tu autoconfianza?

JUAN: Qué buena pregunta... Te diría que es algo muy parecido a la felicidad, es algo que perseguimos de forma constante, y realmente es un trabajo interno que tenemos que hacer. Pero, sobre todo, lo que más me ha ayudado ha sido superar situaciones que al principio me aterraban. Hablar en público es uno de los ejercicios que más me ayudan a mejorar mi autoconfianza, cuando hay miles de personas mirándote, expectantes a lo que tienes que decir. Al final, cuantas más veces sobrepasas ese miedo que te bloquea, más mejoras. ¿Cómo fue tu proceso, Sergio?

SERGIO: Uf, de pequeño lo único que me daba confianza en mí era jugar bien al fútbol, y, aun así, en el fondo odiaba cada fin de semana porque la noche anterior a los partidos me moría de los nervios por la presión. Toda mi confianza se había construido en función de lo bien o mal que jugaba, y sentía que fallaba a mucha gente si no jugaba un gran partido. Cuando me lesioné de la rodilla con trece años, mi carrera deportiva llegó a su final. Me rompí el fémur en un partido y me afectó una zona que tenía que ver con el crecimiento de la pierna. Eso hizo que me creciera la pierna con «valgo», es decir, torcida. Como consecuencia, me generó un complejo, y al quitarme el fútbol me di cuenta de que no tenía nada hecho por mí (auto) en lo que pudiera apoyarme para construir mi confianza. Y por eso con quince años decidí empezar a entrenar.

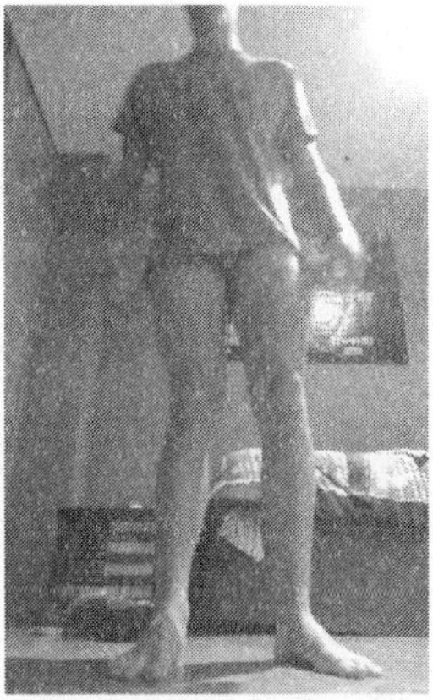

JUAN: Vale, vale, entiendo, pero ¿y entrenabas solo? ¿Hubo alguien que te inspirase?

SERGIO: Mi padre siempre ha sido ese buen entorno que he comentado en este capítulo. Daba igual si era invierno o verano, siempre lo veía entrenar en un pequeño banco con mancuernas que teníamos en la terraza de nuestro piso de urbanización. Más adelante, al verlo a él, mi hermano se puso a entrenar, y, como yo en ese momento solo estudiaba y jugaba a la Play, quise darle una oportunidad a ese deporte y ver qué tal me sentía si me veía fuerte en el espejo. Empecé poco a poco entrenando flexiones, las que podía, e intentando sacar mi primera dominada con gomas y ayuda. No fallé en todo el año. Se juntó el ejercicio físico que hacía en ese pequeño *gym* con el estirón que di por la edad, y de repente me veía mejor en el espejo. Eso aumentó mucho mi aura de confianza en mí mismo y vi que comenzaba a fijarse en mí alguna chica. Estoy seguro de que este proceso también fue importante para el Sergio que soy hoy en día. Todo proceso de

crecimiento personal empieza en la salud y, al ver ese primer proyecto que tenía que gestionar y trabajar cada semana, fui entendiendo que hay que coger las riendas de tu vida y que eres capaz de más cosas de las que crees. Y en diciembre de 2017, cuando me regalaron un móvil por los dieciséis años, tuve claro que eso era más que un nuevo móvil: iba a ser mi cámara oficial de esta nueva etapa.

Todo paso contra el miedo cuenta. Cada escalera que subes hacia tu crecimiento importa. No te fijes en los resultados, nunca te fijes en el *output* de la ecuación. Solo existen el trabajo, el esfuerzo, la resistencia que le pones a la vida.

Si estás esforzándote ahora en tu vida y piensas que llegará un punto en el que no tendrás que esforzarte más ni salir de la zona de confort, eso es una falacia. Es mentira. Es como pensar que ahora puedes comer mucho y que nunca más tendrás hambre, o pensar que hoy le darás el mejor regalo del mundo a tu pareja y que ya nunca deberás tener detalles con él o ella.

> Porque también podrías estar muerto.
>
> En serio, si siempre pones límite a todo lo que haces, físico o cualquier otra cosa, se extenderá en tu trabajo y en tu vida. No hay límites. Hay solo zonas llanas, y no debes permanecer allí. Debes ir más allá de ellas.
>
> Un hombre debe constantemente superar su nivel.
>
> Bruce Lee

La vida es un constante juego de oponer resistencia. Continuamente hay que esforzarse, exigirse. Volverás a tener hambre y volverás a tener que madrugar. Porque, si no, por mucho dinero que tengas, te sentirás vacío de propósito por dentro. El ser humano ha nacido para progresar, para avanzar, para subir de nivel. Da igual qué proyecto sea: la espiritualidad, la salud, la riqueza, el conocimiento…

Principio 6

Por qué los *burpees* de Llados tienen sentido

Cuando hablábamos con los expertos invitados a cada episodio, veíamos que había algo que se repetía en muchos de los consejos que nos daban. Había una forma de actuar que no sabíamos descifrar pero que siempre estaba ahí. Algunos lo expresaban con unas respiraciones al empezar el día, otros con baños de agua fría y otros muchos con el deporte, y decían que eso marcaba en gran parte el desempeño que tendrían ese día.

Después de verlo en tantas ocasiones, lo entendimos. Lo que esos hábitos les están dando no son poderes mágicos que les aseguran el éxito, sino que esas pequeñas acciones están influyendo en la regla «estado - radio mental - estrategia». Simplemente (si es que se puede considerar simple), están cambiando su estado. Los mayores sabios de la historia y expertos en gestión emocional ya aseguraban que el estado mental en el que estés determinará la historia personal que te cuentas a ti mismo sobre tu día y lo que eres capaz de conseguir, cambiar. Así pues, si esa historia personal cambia, tu estrategia y las decisiones que tomarás luego también serán diferentes.

Eso es peligroso. Estamos hablando de que tal vez no estés consiguiendo la vida que quieres no porque no estés ejecutando tus decisiones con la mejor intención, sino porque quizá no preparas de forma correcta tu estado mental para afrontar la estrategia que usarás a lo largo del día.

No sabemos si Llados es consciente de esto o no, pero está claro que los «*fokin burpees*» son su palanca constante para cambiar su estado. De hecho, hay una curiosidad que casi nadie sabe de aquel legendario día en el que vino a hacer su entrevista: cuando se enteró de que íbamos a empezar a grabar, nos pidió que le diéramos un par de minutos porque necesitaba hacer algo. Salió de la sala y se puso a hacer repeticiones y repeticiones de *burpees*, un ejercicio que consiste en tirarse al suelo en posición de flexión y de ahí volver a la posición original de pie.

En ese momento no lo entendíamos y nos pareció raro, pero ahora, con retrospectiva, entendemos lo que hizo: cambió su estado mental. No sabemos si fue ese el secreto de que luego su entrevista se convirtiera en una de las cinco más vistas de todo el programa, con más de un millón y medio de reproducciones en solo diez meses, pero, sin duda, le permitió modificar toda su radio mental en ese momento y, como consecuencia, cambiar las ideas y pensamientos que le surgirían después en la conversación.

A partir de ahora, sé consciente de tu estado. Atiende. Es probable que el día que vayas a vivir hoy o el proyecto que tienes que hacer mañana requieran tus mejores decisiones, y para eso necesitarás cambiar tu estado y tu radio mental.

Por ejemplo, yo (Sergio) siempre me he mantenido constante con las duchas frías. A lo mejor ha habido épocas en las que he hecho más o menos, pero nunca he pasado más de treinta días sin hacerlas. Lo hago porque nunca he sido una persona a la que le cueste poco despertarse. De hecho, soy el típico al que mejor no hablarle de nada hasta una hora después de que me despierte. Repito, mínimo una hora. Si no, es probable que te mate. Sí, tu vida podría acabar en ese momento, piénsalo bien.

Realmente, la ducha la uso como ese *boost* de Mario Kart que te hace ir más rápido durante unos segundos. Me permite llegar antes a ese estado ideal, alerta y preparado para cualquier cosa.

Si a eso le sumas los beneficios a nivel hormonal, muscular y de defensas que tiene una exposición al frío de solo treinta segundos, la negociación entre mi cabeza y yo está hecha. No hay más que hablar: a la ducha y a suspirar fuerte un rato, porque eso hará que tu día sea mejor. (Y te prometo que, aunque ahora diga esto y lo sepa a la perfección, mañana tendré exactamente la misma batalla con mi cabeza porque no querré salir de la cama, pero es lo que hay…).

Principio 7

Cambia tu radio mental

Si ya hemos visto que los *burpees* de Llados tienen sentido, ahora vamos a ver más formas de hackear esa radio mental y cambiar nuestros comportamientos. Es como si le pusiéramos un filtro de limpieza a un grifo: antes podías beber agua, pero ahora la calidad de tu hidratación será mejor. Con nuestro proceso mental y los pensamientos que tenemos, pasa lo mismo. Las personas con resultados simplemente tienen mejores pensamientos, que les hacen tomar mejores decisiones cada día.

Rafael Santandreu, uno de los más reconocidos psicólogos y expertos en miedos, inteligencia emocional y felicidad, nos contaba que en realidad podemos ser felices en cualquier contexto o situación. Nos decía que lo importante no era lo que te pasa, sino lo que le cuentas a tu cabeza que pasa. ¡Increíble! La verdad es que verlo de esta forma te hace sentir con mucho más control de tu vida y tus resultados, y a nosotros siempre nos mola más ver este lado de las cosas, ya lo sabes.

Nos ha ocurrido ya en muchas ocasiones la siguiente situación: tenemos un episodio que nos encanta, ya grabado, preparado para mandar a edición, y nos morimos de ganas de ver el resultado final. Se lo mandamos al editor y él nos dice que el audio se oye fatal y que ha habido un problema con los cables del audio. En ese momento, las emociones negativas y la impotencia nos invaden los pensamientos, pero aquí lo importante es limpiar la cabeza de esos pensamientos y empezar cuanto antes a meterle mejores ideas: cambiar «¡Joder! Qué mala suerte tenemos, con lo bueno que era ese episodio...» por «Bueno, voy a ver hoy mismo qué fallo hay en esos cables y compraré unos nuevos para que no vuelva a ocurrir».

Fíjate que la película que te estás contando en un pensamiento y en otro es del todo distinta. En una simplemente te quejas (y, ¡eh!, no pasa nada, a veces sienta bien, y es algo humano), mientras que en la otra te deshaces del papel de víctima y enseguida cambias al rol de responsable de tus acciones y resultados. Los responsables de que esto no haya salido como queríamos somos nosotros, así que ¿qué podemos aprender para evitar que suceda algo parecido?

Si lo llevamos a otras áreas de nuestra vida, como la «buscada felicidad», podemos hacer el mismo proceso. En realidad, Rafael Santandreu tenía mucha razón. De hecho, lo ejemplificaba en su libro *Ser feliz en Alaska*. Nos contaba que el ser humano tiene motivos suficientes para gozar de máxima felicidad en cualquier situación. Si no es así, nuestro ego está poniéndose delante y nos está impidiendo disfrutar de la abundancia de la vida.

Hay unas palabras del emprendedor Alex Hormozi que nos marcaron mucho cuando las oímos: «Ya has conseguido aquello que dijiste que te haría feliz». No puede haber más verdad en una frase. En febrero de 2023 acabábamos de llegar a los diez mil suscriptores y soñábamos con la idea de poder vivir de esto, de entrevistar a las mentes más increíbles que hay ahí fuera. Más adelante, en diciembre, nos paramos a mirar hacia atrás y nos dio tanto vértigo el crecimiento que habíamos tenido a nivel económico, en alcance, en fama, en todo..., que nos entró una crisis de propósito: «¡Hostia! Siempre he querido tener lo que tengo ahora, y ahora que lo tengo... ¡no siento nada! ¡Todo sigue igual!». Ese mes habíamos generado más dinero que el que puede ganar un alto cargo de una empresa en todo un año y, aun así, por culpa de nuestra radio mental, no nos sentíamos felices.

Por eso es importante que cuando estemos intranquilos en un sitio o pensemos que «seremos más felices cuando estemos en otro lugar, en otra situación económica», primero analicemos nuestro diálogo mental y veamos si estamos contando cosas negativas a nuestra mente que no son sanas.

Curro Cañete, cuando descubrió el poder de los pensamientos, nos dijo algo que nos sorprendió: «Cuando cambias tus pensamientos y tu foco, puedes cambiar tu vida». Enseguida que lo entendió, fue corriendo a contárselo a sus amigos, y estos se quedaban igual. Entonces él pensaba: «Pero ¿no os dais cuenta de que esto es el mayor descubrimiento?».

Ja, ja, ja, ja, pobre Curro, nadie lo entendía. Es normal. Cuántas veces nos habrá pasado a todos que queremos ser los «directores generales del universo» intentando cambiar a los demás, sabiendo que si hacen lo que les decimos su vida mejorará, y luego te das cuenta de que no han hecho nada. Todos lo hemos vivido o lo viviremos en algún momento.

En la segunda entrevista que le hicimos a Sergio Fernández salieron temas brutales, entre ellos justamente este. Y él dijo una frase muy espiritual pero a la vez muy poderosa: «Cada alma tiene su camino». Es la verdad; cada persona tiene su recorrido. Aunque tú sepas que si alguien hiciera un cambio en su productividad ahorraría más tiempo o que ganaría más dinero si se metiera en un sector profesional que has descubierto, tenemos que entender que a lo mejor aún no es el momento para esa persona, tal vez no ha llegado a ese nivel de conciencia para entender lo que podría conseguir si actuara de forma distinta.

De hecho, Borja Vilaseca, citando a Gandhi, nos recordó una de las frases más icónicas dentro del mundo del desarrollo personal: «Sé el cambio que quieres ver en el mundo». Con esto, quería decir que, si realmente quieres ayudar a tu amigo, la mejor forma de hacerlo es mirando hacia dentro y viendo cómo puedes mejorar tanto que inspires a la gente de tu alrededor a progresar.

«Cambia tu emisora mental cada mañana: Abundancia FM vs. Escasez FM». Sergio Fernández explicaba de esta forma tan visual, como suele pasar en él, lo que sucede cuando te despiertas por la mañana: «Al despertar, hay dos vocecitas en tu cabeza que no paran de hacer ruido. Una habla de cosas desde el positivismo, el amor, la oportunidad, la abundancia y el agradecimiento, mientras que la otra te habla desde el miedo, la prisa, la ansiedad, la comparación, la envidia... Gracias a la ley del pensamiento, que dice que solo eres capaz de tener un pensamiento a la vez, tú puedes cambiar el pensamiento que tienes en ese momento para pasar de una emisora a otra».

Y con esto volvemos a una idea que vamos a recalcar mucho a lo largo del libro: que el simple hábito de parar el ruido mental y ser consciente (mirarte a ti mismo en tercera persona, ver qué pasa...) es muy poderoso en nuestro día a día. Nos ayudará a cambiar nuestro estado emocional y nuestra confianza en nosotros mismos, y también a ser mucho más creativos en nuestros proyectos, porque podremos dejar espacio a que surjan nuevas y mejores ideas.

Principio 8

La vida no te da lo que quieres, sino lo que necesitas

De la entrevista con el Mago More, se viralizó un clip en el que el entrevistado hablaba de los dos dioses del tiempo: Cronos y Kairós.

Cronos es el dios del tiempo lineal, el que se mide con el reloj. Por ejemplo, ahora mismo, depende de tu velocidad de lectura, habrán pasado uno o dos segundos. Aquí el que manda es Cronos. De ahí vienen las palabras «cronometro», «cronología», «cronobiología»...

Pero luego está Kairós... ¿Qué es lo que hace este señor? Ponerte las oportunidades delante.

De hecho, More nos contaba, de una forma muy divertida, que Kairós es un tío calvo con dos pelos en la cabeza y dos alas en los pies. Va corriendo hasta que te adelanta, y tienes que saber cogerlo de los pelos porque, si no, se va. Así es como nos explicó de qué forma funcionan las oportunidades en la vida.

SERGIO: Oye, Juan, tú viste a Kairós con tus propios ojos, ¿no?

JUAN: Tío, yo quería avanzar en mi vida, crecer. Decidí hacer algo que recomiendo a todo el mundo: decir que sí a todas las oportunidades que sientas dentro de ti que debes aprovechar. Y la mayoría de las veces, esto tiene un ingrediente en común: el miedo en ti mismo.

SERGIO: Qué bueno, Juan. Una de las cosas que más me inspiran de ti es tu capacidad de trabajo. Te daba igual si eso significaba quedarte sin verano. Tú seguiste esforzándote. Cuéntale a la gente esto.

JUAN: Bueno, en mi caso tampoco lo vivía como un gran esfuerzo. Como ya sabes, en 2020 empecé a intentar montar negocios de *e-commerce* y necesitaba dinero para comprar *stock* y poder vender. En ese momento, tenía tantas ganas de salir de mi situación de estudiante, con la que no me sentía nada alineado, que estaba dispuesto a hacer lo que fuera. Qué te voy a contar a ti, tú viste todo lo que hacía... Repartir pizzas (¡al fin me ganaba la vida con la moto, ja, ja, ja, ja!), descargar camiones, recoger cerezas, jardinero privado... Decía que sí a todo lo que me llegaba. Sabía que la actitud era lo importante.

SERGIO: Qué locura. ¿Y te acuerdas del miedo que pasaste cuando te dije de salir en el primer pódcast?

JUAN: Te miré con un poco de miedo pero te respondí que sí al momento.

SERGIO: Te dije: «Juan, prepárate, porque yo estoy en un punto en el que no tengo miedo a empezar a publicar dos clips del pódcast verticales diarios en todas las redes sociales y salir por todos lados. Vas a tener que acelerar muchísimo tu trabajo de exposición, pero, si confías en mí, te aseguro que vas a estar más que preparado. Solo tienes que soltar el control de tus miedos y salir de tu zona de confort», ¿te acuerdas?

JUAN: Es verdad. Ahí fue cuando agarré a Kairós por los pelos, como diría More, ja, ja, ja.

Así empezó el viaje, y Juan agarró por los pelos a Kairós. Sin duda, todo lo que hizo los tres años previos a ese momento es muy importante. Sin el Juan que hizo ese viaje de crecimiento personal, no habría estado preparado para agarrar a Kairós.

Otro truco que nos comentó More para estos momentos es responderte siempre «¿Y por qué no?». Decía: «La vida te pone delante cosas para las que nunca estás preparado, y la mayoría de la gente responde que no, pero qué pasaría si respondiéramos: "¿Y por qué no?"».

Así fue como More se atrevió a empezar a dar conferencias sobre innovación, creatividad... Actualmente, son su principal forma de ingresos. Cuando te preguntas más veces «¿Y por qué no?», te estás dando una oportunidad. Estás rompiendo el cascarón de tus límites por una vez.

Debes cambiar tu respuesta automática.

Por otro lado, Curro Cañete recomienda que, si quieres motivación y confianza, escuches a Thomas Bergersen en los auriculares. Veamos algunas de las preguntas poderosas de Curro:

- ¿Qué quiero y no tengo? Eso me hace sentir vivo y feliz.
- ¿Qué quiero y tengo? Agradecimiento.
- ¿Qué es lo que me hace verdaderamente feliz? Me ayuda a ordenar mis prioridades.
- ¿Cómo puedo mejorar esta semana en amor/dinero/...? Esta semana voy a ser superamable con el portero de mi edificio.
- Teniendo en cuenta esta situación, ¿qué es lo mejor que puedo hacer por mí y por los demás? Poner el enfoque correcto en ayudar a los demás.
- ¿Dónde está el tesoro de esta situación y de mi vida? Me ayuda a ver lo bueno de cada situación o problema.

Sergio Fernández nos explicó cómo podemos tomar grandes decisiones en nuestra vida. Él dice que hay una forma de conectar con tu mayor sabiduría interna. El ejercicio es el siguiente:

Tienes que sentarte en una posición cómoda, con los pies apoyados, la espalda relajada y los ojos cerrados, y sin ruido a tu alrededor. Ahora te imaginarás en un lugar muy tranquilo, un lugar que te encante, un lugar en el que disfrutes solo por estar ahí. Esto para algunos será la playa y para otros será un bonito bosque verde.

Te sentirás como si estuvieses allí, con un escenario salvaje a tu alrededor, oyendo los sonidos de la naturaleza. Cuando estés en ese punto de concentración, sentirás que te levantas y caminas hacia una cabaña que se encuentra delante de ti. Esa cabaña tiene las condiciones perfectas: temperatura, sonido, humedad, proporciona confort al andar... Y cuando entras, te encuentras un sillón y, enfrente de él, una silla. Tú te sientas en la silla, y en el sillón tienes a una persona: tú mismo con sesenta años.

Si haces el ejercicio bien, llegarás a ese punto con un nivel de relajación y profundidad en tus pensamientos muy elevado. Y entonces le preguntarás a ese señor qué haría él en tu situación, y él te dará la respuesta más sabia que se encuentra en el interior de tu subconsciente.

Este es el ejercicio del mentor gratuito veinticuatro horas. Muchas veces no somos conscientes del poder que tienen las cosas que hemos vivido y nuestras experiencias. El problema es que vivimos distraídos con mucho ruido y muchos estímulos, constantemente preocupados por el futuro o arrepentidos por el pasado. Intenta incluir más silencio y más reflexión en tu día. De esta forma, podrás llegar a conclusiones que ni siquiera eras capaz de imaginar.

Principio 9

Qué suerte tienes de no tener suerte

¿Hasta qué punto es bueno tenerlo todo fácil? ¿Hasta qué punto es divertido vivir una vida donde todo te sale a la primera?

Todos nuestros invitados comparten una cosa en común: tienen mucha buena suerte y, a la vez, poca suerte. Es decir, tienen suerte buscada y poca fortuna aleatoria. De hecho, todos ellos han sufrido épocas en las que han tocado fondo. Cuando hicimos el pódcast con José Elías, él nos hacía mucho hincapié en las dos veces que se arruinó y lo perdió todo.

Tuvo una empresa de instalaciones eléctricas que le iba bastante bien, y a raíz de la crisis, de un día para otro, quebraron los negocios de muchísimos clientes que le pagaban a meses vista. Eso provocó que él pasara de facturar decenas de miles de euros al mes a facturar cero. Se quedó con solo 3.000 €, que fueron los que usó para constituir Orus Energía. Le dijo a un amigo suyo por teléfono: «Ahora vendo luz. Por favor, cambia tu línea de la distribuidora que tengas a Orus». Y así consiguió el primer cliente de la que luego sería Audax Renovables.

Nos contaba de forma chistosa que hubo un punto de tanto crecimiento que ya no sabían qué hacer en la oficina.

En aquel entonces, las facturas de la luz de cada cliente llegaban en papel. El primer año facturaron 49.000 € y perdieron dinero. El año siguiente, facturaron 3 millones. El siguiente, 21 millones. El otro, 153 millones. Y los números seguían multiplicándose cada año. Hasta tuvieron que hacer una obra en la oficina porque las facturas entraban en palés de madera.

Él agradeció que la empresa de instalaciones se arruinara. Dijo que aprendió a emprender en ese momento.

Si estás viviendo un momento difícil, cambia tu discurso interno. En vez de decir «Qué mala suerte», di «Gracias» o «Algún día contaré esta historia», y así empezarás a cambiar la forma en la que te afectan los problemas.

Tener mala suerte es bueno. Te permite ser tu mejor versión. Queremos recordarte que la felicidad se encuentra en la mejora. Aunque no te apetezca entrenar, trabajar, llamar a un cliente o ir a vender tu servicio, son actividades de las que luego te sientes orgulloso y satisfecho antes de irte a dormir.

Siempre hay que tener un equilibrio entre estar agradecido con lo que tienes y querer avanzar, querer más de la vida, desear progresar, tener más resultados... Suponemos que nunca podrás tener las dos a la vez; es cuestión de forzarte a parar cada día, en cada paso que das, y pensar: «¡Ostras! Qué maravilla, qué abundancia tiene la vida. Estos momentos son los que luego revisitaré con nostalgia». Llegarás a la meta que te hayas propuesto y ya querrás la siguiente. Esto no va de llegar a la cima, sino de subir.

Carlos Pauner, montañista profesional, nos contó en el pódcast algo en lo que no estaba de acuerdo: «Ahora hay gente que malgasta millones de euros por subir al Everest o a cualquier ochomil sin apenas preparación y en muy poco tiempo, en días. No se dan cuenta de que la felicidad no está en subir a la cima. Tú subes a la cima y no ves nada más que un mar de nubes. Ya estás pensando en bajar y, de hecho, estás muy alerta porque las bajadas son los momentos más cruciales de una expedición. Vas con menos hidratación o sin nada, y la cosa se puede poner peligrosa si bajas la guardia».

Para subir el Everest, por ejemplo, no vale con ponerse a escalar y subirlo. Carlos explicaba que tenían que pasar algunas semanas en cada uno de los campamentos para aclimatarse, preparar el siguiente campamento, descender a buscar recursos..., y a lo mejor tardaban dos meses y medio en coronar un ocho mil: «De lo que te acuerdas es de esas noches en los campamentos, nerviosos porque al día siguiente tocaba continuar subiendo, pero con la adrenalina de la hazaña que estábamos haciendo».

En cambio, para Curro Cañete el éxito es esto: «Ser feliz mientras avanzas hacia lo que deseas». Él decía que «muchas veces se habla del aquí y el ahora. Necesitamos saber hacia dónde nos dirigimos porque puedes acabar fatal, a la merced del placer y los sentidos, perdido. Pregúntate qué es lo que deseas y avanza hacia allí». En el pódcast nos dejó claro muchas veces lo importante que fue para él hacerse mejores preguntas. El simple hábito de escribir todo lo que te preocupa en un cuaderno, sin distracciones, y escribirte el mejor consejo que tengas para ti mismo puede cambiarte la vida. «El deseo lo veo muy bien. Los deseos son importantes y mantienen nuestro entusiasmo (aunque sean superficiales). El deseo es lo que te hace evolucionar, crecer».

La gente mezcla tener deseos con la idea de sentirse frustrado por no conseguirlos, pero hay que tener confianza.

Por ejemplo, si vas de Madrid a Barcelona, vas disfrutando del camino y del paisaje pero sigues avanzando. Y si no llegas a Barcelona porque te has encontrado por el camino a una persona maravillosa, entonces ese deseo ha cumplido su cometido. Como decía Alex Hormozi, «Ya has conseguido los objetivos que dijiste que te harían feliz».

Miguel Navarro nos contaba qué es el síndrome de la falsa esperanza: «Pensamos que en poco tiempo conseguiremos unos objetivos imposibles, y al no conseguirlos nos desmotivamos y perdemos la ilusión de luchar por nuestros sueños. Y, por el contrario, tenemos un sesgo: nuestro cerebro no es consciente de cuánto puede cambiar tu vida en cinco o diez años».

Como ya hemos dicho, sobrevaloramos el corto plazo e infravaloramos el largo. Siempre pasa lo mismo. Miguel Navarro nos contaba que pasó muchos meses ganando 300 € al mes trabajando a jornada completa simplemente por aprender y crecer. Hay que entender el cometido que tiene cada momento de tu vida. Cada cosa que ha venido a tu vida es porque la necesitabas recibir. A lo mejor un aprendizaje llega en forma de persona o de experiencia, pero es una suerte tener todas estas oportunidades de experimentar lo que es estar vivo.

Para citar al Dr. Antonio Hernández, autor del libro de salud *La hormona de la vida*, «Tendemos a contarnos una historia que conecte todos los puntos del pasado, pero realmente no es así». Él iba para violinista profesional. En un retiro de verano, quería impresionar tanto como fuese posible a un mentor, y justamente el día decisivo lo hizo mal. Se llevó tal decepción que buscó otra cosa en la que fuera el mejor. Lo que lo movió fue la pasión de ser el mejor, de sentirse bueno, y eso fue lo que le sirvió para entrar en medicina y estudiar catorce horas al día para sacar las mejores notas posibles.

Cada persona tendrá su discurso interno sobre para qué hace cada cosa. Hay veces que de un momento malo en tu vida puede surgir tu mayor crecimiento. Es algo negativo, pero tu respuesta es muy positiva, así que bienvenida sea esa experiencia. Al final, si te das cuenta, lo que hemos compartido contigo constantemente a lo largo de estas historias es la idea de que la suerte es buena o mala en función del punto de vista, y que muchas veces lo mejor que te puede pasar es no tener suerte.

Si tu equipo favorito ganara todos los partidos 10-0, al cuarto partido celebrarías menos y menos cada gol. Y entonces, al normalizarlo, no tendrá sentido ir a verlos, porque ya sabes qué pasará. Precisamente, la magia de la competición, la magia de la vida, es la incertidumbre de no saber si va a salir bien o mal. Forma parte del juego, y mola mucho jugarlo.

Principio 10

La paradoja de la felicidad

> La felicidad es como una mariposa: cuanto más la persigues, más huye. Pero si vuelves la atención hacia otras cosas, ella viene y suavemente se posa en tu hombro. La felicidad no es una posada en el camino, sino una forma de caminar por la vida.
>
> VIKTOR FRANKL,
> *El hombre en busca de sentido*

Cuántas veces perseguimos el camino incorrecto sin ser conscientes: «Me apetece estar tumbado en el sofá, viendo una película», «Hoy no tengo ganas de madrugar. Veinte minutos más…», «Qué pereza ir al gimnasio esta mañana, ya si eso iré por la tarde»… Todas estas frases que decimos a menudo son, en realidad, persecuciones de esa mariposa a la que aludía Viktor Frankl, superviviente de un campo de concentración nazi. Cuando lo haces, no eres más feliz. De hecho, te suele caer sobre los hombros el peso del arrepentimiento y de la complacencia. Sin embargo, atravesar esos lastres y hacer esas actividades, aunque no nos apetezca, en el cien por cien de los casos hace que nos sintamos fantásticos y orgullosos de nosotros mismos.

Si quieres ser más feliz, empieza siempre por elegir el camino del esfuerzo, del trabajo; el camino incómodo. Eso hará que te sientas orgulloso de ti mismo, te aumentará la autoconfianza, y la siguiente decisión la tomarás desde un punto superior.

El psicólogo Rafael Santandreu nos decía que una fórmula efectiva y rápida de encontrar la felicidad era simplemente esperar menos de la vida y reducir esa hiperexigencia de la sociedad. Pensándolo bien, cuántas veces hemos entrado en un bucle de malas emociones por culpa de ir generando, sin darnos cuenta, expectativas en nuestra cabeza.

Como os decíamos antes, a finales de 2023 hicimos realidad un sueño. El último trimestre del año conseguimos alcanzar más de 300.000 € de facturación (ten en cuenta que nuestro modelo de negocio tiene márgenes de beneficio muy altos, de hasta el 90 %). Estábamos creciendo a un ritmo medio de unos 70.000 suscriptores al mes y, además, conseguimos llenar un evento con José Elías de más de mil personas.

De repente, habíamos conseguido todo lo que llevábamos tanto tiempo persiguiendo, y nos desorientamos. Era una sensación de vacío, de estar perdidos, porque esperábamos que cuando llegara este momento nos sentiríamos aún más felices que cuando luchábamos por ese objetivo (cuando no ganábamos nada de dinero y nos teníamos que ir de viaje a las cinco de la mañana y dormir en el coche, o cuando empezamos a ganar nuestros primeros 1.000 € al mes, etc.). Y ahí está el problema.

SERGIO: Oye, Juan, voy a compartir con la gente la reflexión que te enseñé el otro día de cuando nos vinimos a vivir a Andorra.

JUAN: Ah, sí, es muy buena, cuéntala.

SERGIO: Encontré una reflexión que escribí en enero de 2024 sobre este mismo tema. Muchas veces, el ejercicio de es-

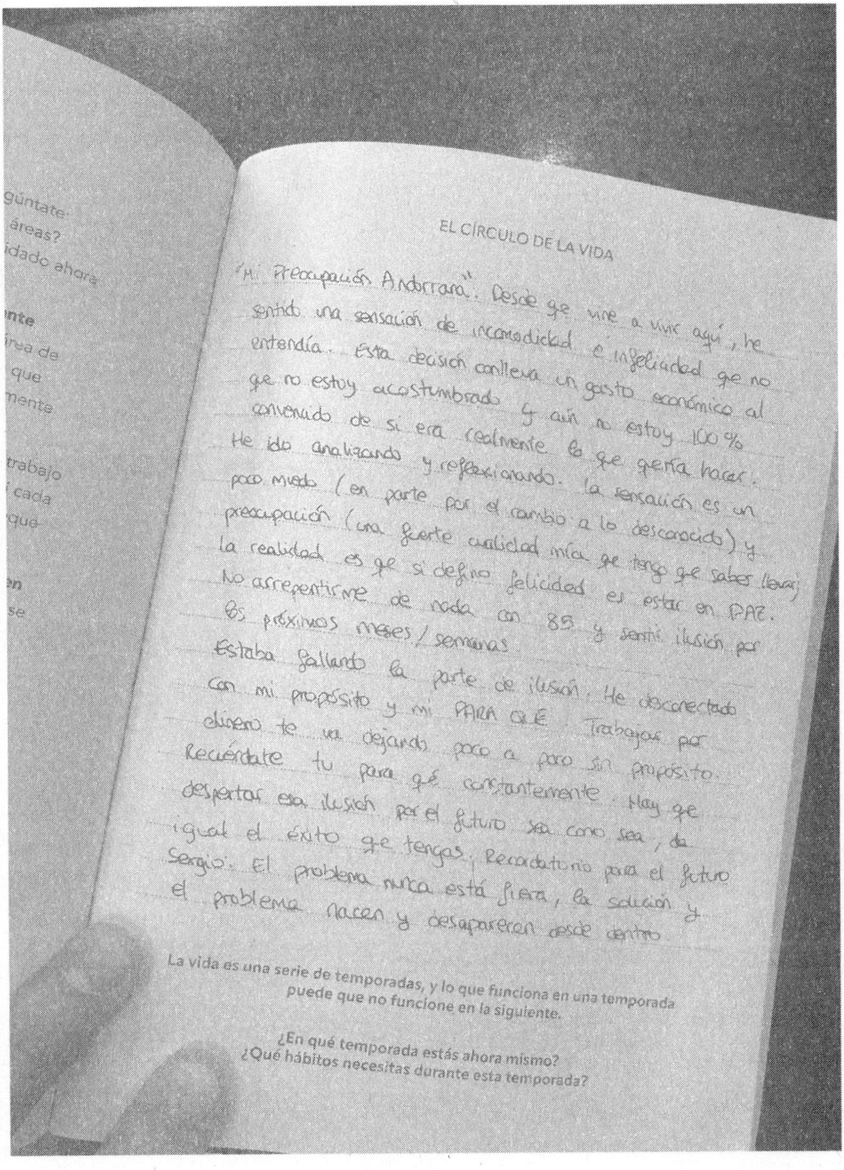
EL CÍRCULO DE LA VIDA
"Mi Preocupación Andorrana". Desde que vine a vivir aquí, he
sentido una sensación de incomodidad e infelicidad que no
entendía. Esta decisión conlleva un gasto económico al
que no estoy acostumbrado y aún no estoy 100 %
convencido de si era realmente lo que quería hacer.
He ido analizando y reflexionando. La sensación es un
poco miedo (en parte por el cambio a lo desconocido) y
preocupación (una fuerte cualidad mía que tengo que saber llevar)
la realidad es que si defino felicidad es estar en PAZ.
No arrepentirme de nada con 85 y sentir ilusión por
los próximos meses / semanas
Estaba fallando la parte de ilusión. He desconectado
con mi propósito y mi PARA QUÉ. Trabajar por
dinero te va dejando poco a poco sin propósito.
Recuérdate tu para qué constantemente. Hay que
despertar esa ilusión por el futuro sea como sea, da
igual el éxito que tengas. Recordatorio para el futuro
Sergio. El problema nunca está fuera, la solución y
el problema nacen y desaparecen desde dentro.
La vida es una serie de temporadas, y lo que funciona en una temporada puede que no funcione en la siguiente.
¿En qué temporada estás ahora mismo?
¿Qué hábitos necesitas durante esta temporada?

cribir como si fueras tu propio maestro acaba siendo la salida de ese laberinto mental en el que te encuentras. Con silencio, espacio y calma, encuentras consejos para ti mismo y para tus problemas que ni imaginabas saber. El subconsciente acumula mucho más de lo que imaginas.

No vas a ser más feliz. No tienes el control para decidirlo. Simplemente, busca ser feliz y será más fácil que lo consigas. Como dice Alex Hormozi, «La gente constantemente intenta ser más feliz, en vez de simplemente ser feliz. Ahí reside el motivo de su infelicidad».

Ya teníamos motivos de sobra para ser muy felices, pero, al buscar constantemente ese «ser más feliz que ayer», caíamos en una frustración enorme porque no entendíamos por qué no nos sentíamos felices. Ahora hemos podido reflexionar acerca de ello y superarlo, y estamos agradecidos de cómo es nuestra vida cada día. Hemos entendido la idea de que «la felicidad se encuentra en perseguir un objetivo disfrutando del camino». Vaya que sí. El camino lo es todo. De hecho, de una forma más espiritual, el camino es el objetivo. Por eso en el pódcast nos encanta hablar con expertos en psicología humana y en corrientes de pensamiento milenarias, como el estoicismo. Para aprender eso. Para aprender a estar en el presente.

Por ejemplo, cuando en marzo de 2023 nos sentamos a hablar con el psiquiatra Jesús de la Gándara, surgieron muchísimas ideas sobre gestión emocional, cómo ser feliz, ambición vs. obsesión y muchos otros temas. Cuando le preguntamos qué es la felicidad, él nos respondió lo siguiente:

La felicidad es un taburete de tres patas, y cada pata es una S. Son tres palabras: «serenidad» (estado de paz, alegría), «seguridad» (lo contrario al miedo) y «satisfacción» (saber, cuando me vaya a dormir, que lo que he hecho hoy ha servido para algo). Si alguien tiene eso, no necesita un Ferrari, dinero, lujos ni nada.

¿Cómo se consiguen? No son gratis, hay que currárselo mucho. Para tener seguridad, necesito fuerza mental y física. Para estar satisfecho, debo aumentar el auto, hacer cosas que sirvan para algo. Y para estar sereno tienes que reaccionar con calma a los problemas que te ocurren cada día.

Luego hay dos términos de los que quiero hablar con vosotros. El primero es el aburrimiento. No tenemos derecho a estar aburridos. Abre los ojos, mira a tu alrededor, ¡observa la vida! Siempre eres tú, no la vida; son tus gafas. Y el segundo término es la serendipia: la buena suerte que te da la vida cuando lo haces bien.

¿Se puede mantener la felicidad al cien por cien? No confundas felicidad con estar alegre. Puedes estar triste y ser feliz.

Qué locura todo lo que aprendimos aquel día. «No tenemos derecho a estar aburridos». ¡Qué realidad! Al final, te das cuenta de que si te calmas, respiras profundamente y miras a tu alrededor…, se ve la vida diferente. Te permite ver todos los colores con detalle. Te das cuenta de lo que sucede y lo increíble que es.

Hay otro tema que siempre nos hace debatir respecto a la felicidad y el emprendimiento: la ambición. ¿Es buena o es mala? En el fondo, es querer estar en un lugar donde no estás ahora mismo y sentir que siempre vives en el futuro.

Es algo contra lo que nosotros luchamos a diario. ¿Cómo disfrutamos del día a día si pensamos constantemente en cómo queremos estar en el futuro? Es lógico pensar que no es posible lograrlo, y, por ende, es muy complicado que un emprendedor consiga ser feliz.

Sin embargo, cuando pensamos en el futuro hay un ingrediente que es importante para nuestra felicidad del presente: la ilusión. Cuando quitas la ilusión de tu vida, te llena una sensación de sinsentido en todo lo que haces. Es decir, una parte del hecho de disfrutar del presente es pensar que lo que estás haciendo ahora mismo contribuye a un beneficio futuro. Es como que matas dos pájaros de un tiro, porque disfrutas de la actividad en el momento actual y después disfrutarás de sus resultados en el futuro.

El doctor Jesús de la Gándara dice: «La ambición es positiva; es progresar, crecimiento, exigirte ser una mejor versión. Y la mala ambición es la comparativa, cuando tienes que ser mejor que el de al lado. Si te sientes apresurado, cuidado, estate atento a la sensación de prisa. Piensa para dentro un rato. Tu mayor virtud es la lentitud».

Así pues, tienes que ponerte metas, soñar, imaginar grandes cosas para la vida y así mantener esa ilusión por el futuro. Pero ten cuidado en compararte con la persona de al lado por el camino. No serás más feliz cuando superes a tu vecino en ceros a la derecha en la cuenta del banco, sino que serás más feliz cuando superes tu siguiente problema, la siguiente piedra en el camino, la siguiente crisis de pareja…

A todo aquello que le des el poder de la felicidad... ¡Fum! De repente se esfumará cuando lo consigas, tan rápido como ha venido. Ahí está el dilema: constantemente estamos idealizando situaciones que el cerebro piensa que son la felicidad, y no aceptamos que la vida es un cúmulo de problemas por resolver. Cuando lo interiorizas, entonces sí que sientes un alivio de verdad, porque ya no nos despertamos pensando en qué nos hace infelices, sino en qué problemas tenemos que resolver hoy para ser más felices.

Nosotros somos bastante racionales y nos gusta entender esta clase de cosas, como la felicidad, como si fueran una fórmula matemática. Ya sabemos que para nada se puede mostrar todo como si fuera un problema de bachillerato, pero una vez leímos la siguiente frase en el libro *El sutil arte de que (casi todo) te importe una mierda*, de Mark Manson, seguramente uno de nuestros libros favoritos:

> El deseo de una experiencia más positiva es, en sí misma, una experiencia negativa. Y, paradójicamente, la aceptación de la experiencia negativa es, en sí misma, una experiencia positiva.

El filósofo Alan Watts se refiere a esta idea como «la ley de la retrocesión». Viene a decirnos que cuanto más perseguimos algo, más refuerza la carencia que tenemos sobre ello y peor nos encontraremos. La persona que se siente pobre se sentirá pobre incluso cuando tenga varios millones de euros. La persona que se siente insegura siempre se sentirá así por muy fuerte que se ponga o por mucho reconocimiento que obtenga. Lo importante es enfrentarnos a la experiencia negativa que va asociada a nuestro problema, en lugar de evadirnos poniendo parches.

Recuerda: detrás de todos los problemas hay ese momento de felicidad.

Principio 11

En la vida, o subes o bajas

Esta es una de las pocas frases que leerás en este libro y que no escucharás en ningún capítulo de *Tengo un Plan*.

Seguramente recordemos ese martes 4 de junio de 2024 como uno de los días más locos de nuestra vida. Habíamos ido a Madrid para cumplir uno de esos sueños que nos habíamos propuesto cuando empezamos el pódcast.

Si eres de España, seguro que conocerás el programa de televisión *El Hormiguero*. Pues nos habían invitado a ver el programa por detrás. Cuando entramos, nos transmitió la sensación de nuestro pódcast: algo cercano, que se nota que ha sido fabricado con mucho amor y con un equipo que quiere progresar y ser el programa número uno.

Todo era igual que en la televisión, pero más pequeño y con muchísima más gente. La mesa de Pablo Motos creo que la ha visto toda España, y pudimos sentarnos, agacharnos y ver dónde están las hormigas, Trancas y Barrancas.

Estábamos alucinando, y eso que aún no había pasado nada de lo que te queríamos contar aquí.

Nos sentaron en el público para poder disfrutar de la experiencia como dos personas más (que es lo que somos), pero entonces ocurrió algo que nos dejó alucinados... Empezó el programa con el típico baile que hacen los colaboradores de *El Hormiguero* y el saludo de Pablo Motos a las cámaras y al público. Como seguramente sabes, en ese punto Pablo siempre dice que empezarán en treinta segundos porque primero van los anuncios de la cadena. Fue en ese momento de pausa publicitaria cuando se giró para mirarnos, vino a saludarnos y nos dijo: «Encantados, chicos, luego hablamos». Los dos nos miramos con cara de no creernos lo que acababa de pasar. ¡El presentador más famoso de toda España había ido a saludarnos porque nos conocía!

Después del programa, nos metieron en una sala para esperar a que viniera. Cuando llegó, no te vamos a engañar, teníamos los testículos a la altura del cuello. Estuvimos hablando con él unos veinte o veinticinco minutos, y si tuviéramos que resumir todo ese rato en dos palabras serían «disciplina» y «trabajo».

Pablo nos explicó que quería que su programa fuera el número uno de España y nos mostró todo lo que hacen y cómo se trabaja cada uno de los programas. Y, como no podía ser de otra manera, le empezamos a hacer preguntas:

JUAN Y SERGIO: Después de tanto éxito y tanto recorrido, ¿sigues teniendo la misma ambición?

Pablo: Mirad, chicos, por mucho que digan que en esta vida hay fases más estables, eso es mentira: yo me he dado cuenta de que o estás subiendo o estás bajando. Y subir sé qué significa: trabajar, ser disciplinado, sufrir en muchísimas ocasiones…, pero es el precio que hay que pagar si queremos tener el programa número uno.

Cuánta razón tenía Pablo. Muchas veces pensamos: «Cuando acabe la universidad, ya no tendré que estudiar más», «Cuando termine con este negocio, ya no tendré que trabajar más», «Si voy al gimnasio hasta el verano, ya estaré fuerte para siempre»…

Y la realidad es que no. Eso es poner un foco absoluto en el resultado, pero el resto de nuestra vida tendremos que seguir estudiando si queremos aprender, tendremos que seguir yendo al gimnasio si queremos tener un cuerpo sano, y tendremos que trabajar aunque ya tengamos todo el dinero del mundo si queremos sentirnos realizados.

Principio 12

Cuando hay lo que hay, es lo que hay

El Mago More nos contó cómo vivió el nacimiento de su hijo.

More es una persona a quien empresarialmente le va muy bien y, además, sus charlas hacen reír a un montón de gente, pero la vida le puso delante un reto mucho más grande que una charla, mucho más grande que cien empresas: su hijo Marcos nació con parálisis cerebral.

El día que vino al pódcast nos contó cómo afrontó ese momento de su vida:

> Tener un hijo con parálisis es tener una persona que es cien por cien dependiente de ti, y eso supone un coste económico. Por ese motivo, yo destino una parte de mi dinero a ayudar a familias en esta situación.

Nuestra pregunta fue muy clara: ¿cómo vivió esa noticia?

> Chicos, cuando hay lo que hay, es lo que hay. Nunca puedes cambiar los hechos, pero sí puedes cambiar la manera de enfrentarte a ellos. Esto lo repito todos los días. Yo siempre me centro en lo que puedo hacer y dejo de lamentarme por lo que no puedo controlar.

En la misma línea, el predicador religioso Itiel Arroyo nos decía esto sobre la felicidad: «He visto a personas muy poderosas y exitosas que te miran y dicen: "Me siento vacío, no soy feliz". Es un vacío que solo puede llenarse con el amor verdadero, que es Dios. Cuando estás completo, ya puedes vivir una vida plena».

Su mujer estuvo a punto de morir en el parto, y cuando tuvo a su bebé en brazos, Itiel sintió unas sensaciones enormes. Amor, miedos… «La vida te va enseñando qué es lo más importante». Y citaba a Jesús de Nazaret respecto al verdadero propósito de la vida:

> De qué le vale al hombre ganar el mundo entero y perder el alma.
>
> De qué le vale al hombre ganar el mundo entero y perder el amor de su esposa.
>
> De qué le vale al hombre ganar el mundo entero y que sus hijos lo miren como un desconocido.
>
> De qué le vale al hombre ganar el mundo entero y que llegue al final sin un verdadero amigo.

Luego Itiel hacía esta reflexión: «¿Por qué existe lo malo si Dios existe? Por el libre albedrío. ¿Cómo sabemos qué es la felicidad si no sabemos qué es la tristeza? ¿Cómo sabemos qué es la luz si no sabemos qué es la oscuridad? Por eso somos más felices un día de esfuerzo, de sacrificio, de no hacer todo lo que te apetece».

Itiel hablaba de nuestra amistad y decía que eso es lo verdaderamente importante. Lo importante no es el millón de seguidores en YouTube, no es el millón de euros. Lo importante es todos los miles de personas que se han visto ayudadas, motivadas o inspiradas por las experiencias de vida y los aprendizajes que nos ha regalado el pódcast.

Ahora que ya nos conocemos mejor a nosotros mismos, y después de guardar todas estas herramientas para ser más felices, vivir en paz y trabajar con propósito, vamos a pasar a la base de todo: la salud. Sin una buena salud, es imposible que haya una buena vida. Y cuando tienes una rutina diaria saludable, es muy fácil que sea una rutina feliz.

2

Salud

Primero lo primero

En el mundo de la salud, nos hemos dado cuenta de que hay muchos discursos alternativos. Si una persona empieza de cero, puede tener mucha confusión acerca de cómo enfrentarse a ello.

La pirámide de la página siguiente es una conclusión de lo que nos han dicho todos los referentes de la salud a los que hemos entrevistado.

En la base de la pirámide están el ejercicio físico y el descanso. Aquí incluimos entrenamientos de fuerza, entrenamientos de cardio más suaves (como, por ejemplo, salir a dar una vuelta en bici o dar un paseo largo) y algún entrenamiento de alta intensidad (HIIT). Y, por supuesto, va acompañado de una rutina de sueño reparador por las noches que te permita descansar.

En el escalón superior ya entra la alimentación, y hay que prestarle mucha atención. Luego hablaremos con más profundidad de todo lo que nos han contado alguna vez sobre

nutrición, porque son muchas cosas, pero ahora simplemente queremos proponerte pequeñas mejoras que te van a dar grandes resultados. La clave está en saber qué no comer: ultraprocesados. Todo lo que tenga más de cinco o siete elementos en la lista de ingredientes debería alertarte. En la sección del supermercado de verdulería, pescadería o carnicería, o en la información de un paquete de huevos, no encontrarás siete ingredientes. Come comida real y sencilla, platos con mucho color y buenas fuentes de proteínas. Como decíamos, más adelante profundizaremos en esto.

En el siguiente escalón están la gestión del estrés y la salud mental. Está más que demostrado que el estrés no es malo, porque nos sirve para protegernos ante un peligro que se acerca; el problema es el estrés del siglo XXI. Es un estrés constante y de intensidad media que nos hace aumentar los niveles de cortisol, que a su vez nos están matando lentamente. También veremos cómo reducirlo y algunos trucos diarios para tener una mente en calma y vivir felices, aunque tengas grandes problemas que te preocupan.

Y arriba de la pirámide tenemos lo que es menos necesario (salvo casos concretos): todo lo que tendría que ver con la suplementación.

El problema es que la gente lo hace al revés. Escuchan un pódcast de *biohacking* y empiezan a hacer cosas raras en su día a día sin hacer antes lo principal: comer mejor, entrenar fuerte y dormir bien. Queremos compartir un dato aterrador: la industria de la suplementación actualmente supera los 200 mil millones de dólares, mientras que la industria de los gimnasios no llega a los 50 mil millones. Esto nos demuestra cómo funciona el ser humano una vez más: siempre buscamos el atajo. «El camino rápido es el camino lento, porque el camino lento es el único camino», como dijo el empresario Warren Buffett.

Nosotros estamos de acuerdo con la forma de verlo de Sergio Fernández. No entiende el cuerpo como un trozo de carne estético, sino como una fuente de energía:

> Sin energía física, el resto de las energías se caen. Y esa energía física es cuidar tu energía de la salud y del dinero. Son dos energías a las que debes prestar atención, porque, si no, se convertirán en el motivo de todos tus problemas.

Principio 13

La rutina diaria perfecta no exis...

Después de hablar con decenas de expertos en salud de todo el mundo, nos hemos dado cuenta de que hay muchos principios y hábitos que se repiten, y podemos aprovecharlo para simplificarlos en una rutina «casi» perfecta orientada a la salud.

Antes de profundizar en ello, es importante tener clara la pirámide de prioridades de salud que comentábamos al inicio de este capítulo. Tomar magnesio por las mañanas puede ser positivo, sí, pero seguro que es más importante descansar bien por la noche.

La rutina diaria que combine todos esos hábitos incluirá la salud mental, física y nutricional, el propósito del trabajo (sí, trabajar es saludable, que no te mientan) y las relaciones sociales (pasar tiempo con gente que te importa).

El experto en marketing Romuald Fons nos explicaba que él necesita una hora de soledad cada día para estar consigo mismo y ver cómo puede resolver los problemas más grandes. Está a gusto en el caos, no tiene un calendario que le diga qué día tiene que dedicarse a tal cosa y, sobre todo, se enfoca al proyecto que requiera más energía en ese momento y donde él pueda aportar más valor. Como él mismo dice:

> Cuando haces cosas, aparecen oportunidades. No puedes parar, y debes estar a gusto en ese movimiento, con los ojos abiertos, porque ahí aparecen las oportunidades.

Cuando antes decíamos que es importante que tu rutina «perfecta» incluya el trabajo, es por una cuestión de propósito. Tú has venido a este planeta por dos motivos: amar y ser amado. Para el ser humano, una forma importante de amar es ser útil al resto. Somos máquinas diseñadas para crear trabajo de valor, ideas ganadoras y productos que resuelvan grandes problemas.

Estuvimos viviendo con José Elías durante muchos días cuando estábamos en proceso de hacer crecer su canal de YouTube. Es una persona que podría estar viviendo en las Maldivas sin hacer nada, con todos los placeres del mundo que se te puedan ocurrir, y, aun así, nunca gastaría todo el dinero que tiene. Es una locura, nosotros siempre se lo decimos. «José, tío, pero ¿eres consciente de todo el dinero que tienes?». Él siempre se ríe y nos responde algo como: «Eh… Sí, pero y ¿qué más da, loco? A mí lo que me gusta es esto, ¿yo para qué quiero estar en las Maldivas?». Al principio no lo entendíamos, pero vas avanzando y cada vez nos parece que su reflexión tiene más sentido.

Pero, bueno, filosofadas aparte, ¿sabes cómo es su rutina diaria? Se despierta a eso de las siete o las siete y media de la mañana. Ahora ha empezado a darle importancia a su salud y se cuida bastante. Tiene una cocinera privada en casa y vigila todo lo que come. Lo primero que hace al levantarse es entrenar: hace ejercicios de fuerza o cardio, dependiendo del día. Después de ducharse, ya está listo para ir a Audax sobre las nueve menos diez.

Llega a Audax y se toma un café en el sitio menos glamuroso que te puedas imaginar del polígono, cerca de su despacho. Ahí se junta con gente que le importa, gente que lo ha acompañado en su recorrido durante todos estos años y que ahora ocupan puestos importantes en sus compañías. Encima, ese rato aprovecha para recibir a su profesor de inglés, con el que practica hablando, y él le corrige errores y mejora su pronunciación.

El resto del día lo dedica a aquello que requiera su presencia en ese momento. Hemos tenido días de estar con él sin salir de la oficina, y ha habido otros días en los que hemos cogido su helicóptero y hemos viajado a una ciudad a trescientos quilómetros para que se reúna para hablar de un proyecto en el que a lo mejor invertía dinero. Cuando pasas tiempo con él, te das cuenta de que en su cabeza no está la mentalidad de querer ser más rico. Es más bien un «Soy adicto a este videojuego y quiero seguir pasando pantallas».

De hecho, alguna vez, después de cenar con él, nos hemos quedado en la mesa durante horas explicándole cómo funcionaba el mundo online. Él siempre atiende y aprende con la misma energía que un chaval que acaba de empezar. El maldito José es inspiración cada vez que estamos con él.

Yéndonos al otro extremo, también conocimos la rutina diaria de Marcos Vázquez (de la reconocida página *Fitness Revolucionario*). Teníamos mucha curiosidad por saber cómo era la rutina de una de las personas que más respetamos dentro del mundo de la salud, y nos sorprendió la normalidad de su rutina. Nos hizo darnos cuenta de que realmente había un orden de prioridades y que el último truco de *biohacking* era simplemente el final de la cuerda.

Él se despierta a las siete de la mañana sin despertador, su reloj biológico es así. (En la entrevista con Jana Fernández, experta en sueño, aprendimos que nuestro cuerpo tiene relojes y que cada persona tiene un momento óptimo para despertarse, pero profundizaremos más en ello cuando llegue el apartado del sueño). Luego Marcos planifica su día con un diario, toma café y suele desayunar, aunque algunos días hace ayuno intermitente. Después dedica sus horas más activas a trabajar en las partes más demandantes cognitivamente, y a las doce y media acaba y va a entrenar fuerza antes de comer.

Por la tarde, hace las tareas menos demandantes y acaba de trabajar a eso de las seis de la tarde. Entonces hace cardio de zona dos (cardio en el que tus pulsaciones están controladas y puedes mantener una conversación sin problema mientras haces la actividad; como veremos luego, hay mucha evidencia de que esto es muy positivo para la salud), cena a las siete y media y afronta el final del día. Después de cenar, da un paseo de media hora o tres cuartos de hora y empieza la rutina de noche, que suele incluir lectura, meditación y algo de movilidad antes de irse a dormir.

Por supuesto, Marcos nos comentaba que algunas noches también ve películas en Netflix y que había días en los que no entrenaba. Lo que queremos dejar claro en este apartado sobre salud no es el último avance científico, sino recordarte los básicos que te darán el 80 % de los resultados. Creemos que en la salud hay una gran parte que es mentalidad, porque muchas veces no es cuestión de elegir bien la dieta que haces, sino que se trata de tener la mentalidad de fuerza de voluntad y esfuerzo para hacer deporte de forma constante y no comer aquello que sabes que no deberías.

Al fin y al cabo, si os dais cuenta, todas las rutinas diarias tienen que ver con cuidar tu energía del dinero, física, mental y social.

Otro tema que nos encanta son las restricciones en la vida. Está muy bien generar restricciones. Es decir, si sales a cenar fuera todas las noches o si todos los días tienes un plan social con todo el grupo de amigos, dejas de disfrutarlo como el primer día. Lo mismo pasa cuando comes mal: si todos los días comes un helado, perderás el sentido a disfrutarlo. Esto es justamente lo que le pasó a uno de nosotros, a Sergio:

> Uno de los motivos que me hicieron espabilar pronto para conseguir una vida diseñada en mis propios términos fue pensar en cómo sería mi rutina diaria con treinta y cinco años.
>
> Yo visualizaba mi día a día con esa edad y con hijos e intentaba pensar al detalle cómo quería que fuera todo: mi físico, qué hacía un martes por la mañana, adónde iba a trabajar y qué hacía, qué personas tenía a mi alrededor…
>
> Me di cuenta de que, si no tomaba yo la responsabilidad de mi vida, esa rutina diaria estaría controlada por proyectos de otras personas, rutinas de otras personas y prioridades de otras personas, y yo no tendría una de las sensaciones que más disfruto: la libertad. No la libertad económica, sino la libertad de poder hacer en cada momento lo que yo decida.
>
> Cada vez le encuentro más sentido a madrugar. Es cierto que a veces no apetece, pero si adoptas la mentalidad de que traba-

jar es positivo, de que cuando te esfuerzas en algo luego te sientes bien, de actuar en vez de escuchar a tu cabeza, el resultado es que cuando acabas esos días siempre te sientes muy bien.

Aún no he conseguido tener ciertos hábitos en mi rutina, como leer o meditar de forma constante, pero tampoco me agobio e intento hacerlo todo lo mejor que puedo: entreno bastante, trabajo con pasión y con propósito, y siempre intento ver cómo puedo mejorar mi rutina y cómo puedo seguir progresando y aprendiendo.

Por ejemplo, te animo a que un día pruebes cosas: prueba a hacer ayuno intermitente y no comer nada hasta el mediodía, a entrenar en el gimnasio, a hacer calistenia al aire libre, a salir en bici para hacer cardio, a nadar en una piscina... Lo que está claro es que el deporte, el trabajo con amor y pasar el tiempo con gente que te suma es algo que a todas las personas les sienta bien, así que empieza a experimentar y termina de diseñar la rutina perfecta para ti.

Principio 14

Despiértate a las cinco de la mañana para NO tener éxito

El gran debate sobre la rutina perfecta es si hay que madrugar y cuánto habría que madrugar. Bien, pues esa misma pregunta se la hicimos a los expertos de salud con los que nos sentamos, y la respuesta nos sorprendió bastante.

Jana Fernández, experta en sueño, nos contaba que actualmente en la sociedad hay una pandemia relacionada con el sueño: «Hay una privación crónica del sueño». Muchas personas se acuestan tarde porque ven una serie o salen con los amigos, y luego a las seis de la mañana tienen que levantarse para trabajar.

Hay que entender que el sueño no sirve simplemente para tener más energía al día siguiente: el 80 % de la secreción de la hormona de crecimiento se hace cuando estamos durmiendo en fase profunda; es decir, tú no haces que tu cuerpo sea más fuerte, que tus tendones sean más resistentes o que tus músculos sean más grandes después de entrenar, sino que todo eso sucede durmiendo.

La fase REM se produce durante el sueño profundo y tiene que ver con todo lo que es reestructurar tus ideas y tus pensamientos. De hecho, técnicamente, lo que pasa en la fase REM es que nuestro cerebro hace una especie de «limpieza neuronal», entre otros.

Vamos a compartir algunos beneficios que nos contaron acerca del sueño:

- **Consolidación de la memoria:** durante el sueño REM, el cerebro procesa y consolida la información y las experiencias adquiridas durante el día. Esto es fundamental para el aprendizaje y la memoria a largo plazo.
- **Limpieza cerebral:** durante el sueño profundo, se elimina el desecho metabólico acumulado en el cerebro. El sistema glinfático se activa, lo cual permite que el líquido

cefalorraquídeo limpie los residuos, como las proteínas beta-amiloides, que se asocian con enfermedades neurodegenerativas como el alzhéimer.

- **Regulación emocional:** un sueño adecuado ayuda a regular las emociones y mejorar el estado de ánimo. La falta de sueño puede aumentar la irritabilidad y el riesgo de trastornos del estado de ánimo, como la depresión y la ansiedad.
- **Recuperación y regeneración celular:** durante el sueño, el cuerpo repara y regenera tejidos, músculos y huesos. También se fortalecen el sistema inmunitario y otros sistemas corporales.
- **Balance químico y hormonal:** el sueño regula la producción de hormonas importantes, como la melatonina (que regula el ciclo de sueño-vigilia) y el cortisol (la hormona del estrés). También influye en las hormonas que controlan el hambre, como la grelina y la leptina.
- **Creatividad y resolución de problemas:** durante el sueño REM, el cerebro puede hacer conexiones nuevas y creativas entre ideas y experiencias, lo que mejora la capacidad para resolver problemas y tomar decisiones.

Asimismo, nos expusieron varios motivos por los que no deberías tener un número insuficiente de horas de sueño:

- Deterioro cognitivo y problemas de memoria.
- Aumento del riesgo de sufrir enfermedades cardiovasculares.

- Mayor susceptibilidad a infecciones.
- Problemas metabólicos, tales como la obesidad y la diabetes.
- Deterioro del rendimiento motor y mayor riesgo de accidentes.

Cuando entrevistamos al Dr. Hernández, él recalcó la importancia de dormir bien:

> Cuando te pasas de entrenar, el sistema nervioso se va agotando, no descansas bien y la tiroides se ralentiza. Entonces no consigues liberar las hormonas que te darán esa ilusión, tener ganas de un día más, etc. Al ver varios perfiles de pacientes, los deportes que más me han sorprendido son el *endurance* y el culturismo. No tener ganas de follar no es casualidad, se puede ver en una analítica.

Así pues, como siempre, vamos a ver qué remedios podemos incorporar a nuestro día a día para que nuestra rutina del sueño sea lo mejor posible.

En primer lugar, debes saber que no todo el mundo tiene el mismo reloj interno biológico. Esto se llama «cronotipos» y hay varios. El más común es el denominado «oso», y es el que afecta a más de la mitad de la población (nosotros incluidos). Este cronotipo se levantará sin alarma tras siete horas y media u ocho de sueño con la salida del sol y tendrá ganas de dormir después de que se ponga el sol, a las diez o las once. Toda la sociedad está diseñada alrededor de este cronotipo, pero el problema es que no todos somos «osos». Conocemos a gente que, de forma natural, se despiertan a las cinco o a las seis de la mañana y a las nueve y media o a las diez de la noche ya están destrozadas y solo quieren irse a dormir. Y, al revés, también hay gente que experimenta su pico de energía por la noche.

Hay pruebas en internet que te permiten averiguar cuál es tu cronotipo respondiendo unas pocas preguntas, pero, aun así, si quieres sacar el máximo provecho de las mañanas sin dejarte ninguna fase del sueño, la clave está en lo que haces el día siguiente.

Hacer deporte hará que estés más cansado, así que intenta meter algo de ejercicio físico en tu día para facilitar que luego te quedes dormido. Aparte de esta actividad física, también es importante que no seas extremadamente sedentario. A nosotros nos gusta controlar los pasos que damos para medir nuestra actividad de forma objetiva. Caminar 10.000 pasos diarios puede ser una meta buenísima para asegurarte de que te has movido.

Después, intenta que la última comida antes de dormir no sea muy copiosa y que sea sencilla de digerir, y también que te queden algunas horas hasta la hora de acostarte.

Y, por supuesto, haz el esfuerzo de meterte en la cama con el móvil en modo avión y busca algo que te relaje. Haz unas respiraciones de *mindfulness*, ponte música relajante con un buen libro, y evita luces azules y fuertes.

Principio 15

No es superficial querer tener más músculo

La salud es una prioridad. De hecho, es la más importante. Es la mesa que sostiene el resto de los elementos: relaciones, trabajo, posesiones materiales, sueños por cumplir, etc. Si estás leyendo este libro, creemos que ya eres consciente de esto, pero es verdad que sigue habiendo un gran porcentaje de personas que, aunque les gusta el mundo del crecimiento personal, no están esforzándose suficiente en esta área de su vida.

Los científicos y expertos en salud que hemos entrevistado nos lo han dejado muy claro: si hacemos sesiones simples varias veces por semana que nos permitan trabajar la fuerza y que nos hagan sudar un poco y subir el nivel de pulsaciones, ya estaremos cumpliendo el principio de Pareto (hacer el 20 % de las cosas que nos darán el 80 % de los resultados).

Entrenar en el gimnasio un *press* de banca no sirve solo para tener un pectoral fuerte y poder lucir de fisicazo en Instagram. A ver, eso mola, nosotros también lo hacemos a veces… Cosas de estar en los veinte, ya nos entendéis… Pero, a pesar de que aumentar la masa muscular tenga beneficios estéticos, cuando descubres los beneficios en tu salud te explota la cabeza y piensas: «¿Por qué narices no he empezado antes?».

Entrenar fuerza y desarrollar masa muscular es extremadamente beneficioso para la salud, tanto en hombres como en mujeres. Aquí te lo explicamos de manera sencilla y con ejemplos científicos:

- **Mejora la salud metabólica.** Entrenar fuerza ayuda a regular el metabolismo, lo que significa que el cuerpo quema calorías de manera más eficiente. Tener más masa muscular aumenta la tasa metabólica basal, que es la cantidad de calorías que el cuerpo necesita para funcionar en reposo.

  Un estudio publicado en el *Journal of Applied Physiology* mostró que las personas que hacen entrenamiento de fuerza regularmente tienen una mayor sensibilidad a la insulina y un mejor control de los niveles de azúcar en la sangre. Eso puede reducir el riesgo de desarrollar diabetes tipo 2.
- **Fortalece los huesos.** El entrenamiento de fuerza pone estrés sobre los huesos, lo que los estimula a volverse más densos y fuertes. Esto es crucial para prevenir la osteoporosis, una condición que debilita los huesos y los hace más susceptibles a fracturas.

  Una investigación publicada en *Osteoporosis International* descubrió que las mujeres posmenopáusicas que hacen entrenamiento de fuerza de forma regular tienen una densidad ósea significativamente mayor en comparación con aquellas que no lo hacen.
- **Mejora la salud mental.** El ejercicio de fuerza libera endorfinas, que son hormonas que mejoran el estado de ánimo y reducen el estrés y la ansiedad. También puede mejorar la autoestima y la imagen corporal.

  Un estudio del *Journal of Psychiatric Research* demostró que el entrenamiento de fuerza puede ser tan efectivo como los medicamentos antidepresivos para reducir los síntomas de la depresión en algunos individuos.

- **Aumenta la funcionalidad y la movilidad.** Desarrollar masa muscular mejora la fuerza y la resistencia, lo que facilita la realización de tareas diarias y reduce el riesgo de caídas y lesiones, especialmente en el caso de las personas mayores.

  Investigaciones del *American Journal of Preventive Medicine* concluyeron que las personas mayores que participan en programas de entrenamiento de fuerza tienen menos caídas y mantienen una mejor movilidad en comparación con aquellas que no lo hacen.
- **Control de peso.** El entrenamiento de fuerza contribuye a la pérdida de grasa corporal y al mantenimiento de un peso saludable. Al ganar músculo, el cuerpo quema más calorías incluso en reposo.

  Un estudio de *Obesity* indicó que las personas que combinan entrenamiento de fuerza con dieta tienen mejores resultados en la pérdida de grasa y el mantenimiento de la masa muscular que aquellos que solo hacen dieta o ejercicios cardiovasculares.

En resumen, el entrenamiento de fuerza y el desarrollo de la masa muscular tienen beneficios amplios y profundos para la salud física y mental. Tanto si eres hombre o mujer, incorporar este tipo de ejercicio en tu rutina puede ayudarte a vivir una vida más saludable y activa.

Si tuvieras que hacer una programación de entrenamiento semanal (fitness, cardio, etc.), ¿cómo sería?

Hace un tiempo decidimos hacer esta pregunta a diferentes expertos que hemos traído a *Tengo un Plan*, entre ellos Marcos Vázquez y el Dr. Hernández, a los que ya hemos mencionado antes.

Las respuestas que nos dieron no nos sorprendieron. Por suerte, el deporte es algo que siempre se ha mantenido intacto en nuestra vida. Más adelante, os contaremos sistemas para no dejarlo, ser más constante y hacerlo más fácil en tu rutina.

Ahora veréis lo que nos dijeron, pero queríamos destacar que cada vez nos damos más cuenta de que las respuestas más acertadas ante preguntas sobre «cómo hacer algo» siempre se encuentran en un equilibrio. El entrenamiento de fuerza está genial, pero no es un entrenamiento completo de salud. Hipertrofiar músculo y hacerlo más grande está bien, pero dedicar sesiones a entrenar la fuerza máxima también es muy importante.

Veamos lo que nos dijo Marcos Vázquez:

> Incluye cinco sesiones semanales: dos de fuerza, dos de cardio y una de HIIT.

Las sesiones de fuerza serían de cuerpo completo, trabajando todos los grandes grupos musculares cada día. Diseñaría dos sesiones distintas (A y B) con ejercicios complementarios. Por otro lado, las sesiones de cardio serían en zona 2, 40-60 minutos rotando el tipo de actividad: carrera, bici, natación, remo... Por último, el HIIT sería corto (10-15 minutos) y se basaría en circuitos de ejercicios con el propio cuerpo (calistenia).

Se podría planificar de muchas maneras, pero me gusta esta división, por ejemplo, porque deja suficiente descanso entre cada tipo de sesión.

L	M	X	J	V	S	D
Fuerza A	Cardio zona 2		Fuerza B	Cardio zona 2	HIIT	

Y esto es lo que dijo el Dr. Hernández:

Incluiría todos los días un deporte de baja intensidad, como puede ser caminar (10.000-12.000 pasos) o cualquier tipo de actividad aeróbica que eleve poco las pulsaciones y que facilite la oxidación de grasa. Por otro lado, si la persona se lo puede permitir, introduciría uno o dos días de ejercicio aeróbico en poco tiempo (30-40 minutos), como ciclismo, nadar o correr. De esta forma, estaríamos aplicando distintas disciplinas que favorezcan todas las mejorías fisiológicas, cardiovasculares, neuronales, musculares, inmunes y metabólicas que requiere el organismo para una óptima salud.

También hay una gran parte de sentirte a gusto contigo mismo. Trabajar tu autoestima, tu autoconcepto... Cuando te miras en el espejo y ves músculo, lo que ves es un porcentaje de grasa controlado, la vitalidad de tu cara y tu piel... Produce la sensación de que eres una persona que presta atención a lo importante, que se prioriza, que se respeta.

Todo esto hace que aumente la confianza en ti mismo, y eso te ayudará a que sea más fácil interactuar con gente desconocida, hablar con esa persona a la que admiras y te da vergüenza decirle algo, y dar siempre una mejor imagen de ti.

Esto no es superficialidad; es psicología humana, y hay que usarla a nuestro favor. No te engañaremos: nos encanta vernos los abdominales. Sin embargo, más allá de eso, lo que más nos gusta es sentir que estamos haciendo lo correcto para esa versión nuestra de sesenta años que aún tiene mucha vida por delante y se merece una salud correcta para poder disfrutar de las pequeñas cosas de la vida con la máxima energía posible.

Principio 16

Hacer dieta no es comer verdura

Si hay algo que nos encanta y que muchas veces se nos va de las manos, es la comida. Nos flipa comer, y muchas veces un día nos hace más ilusión solo porque incluye un plan de comer algo que nos gusta.

Es verdad que hemos aprendido lo suficiente de salud (igual que tú aprenderás en esta sección del libro) como para saber cuándo nos estamos pasando, cuándo los alimentos elegidos no son los correctos y cuál es la mejor manera de combinarlos.

En alimentación se puede entrar en muchos detalles insignificantes, como si comer hígado es saludable o no, pero hay otras cuestiones que van antes y que es más importante que tengas en cuenta.

En nuestro proceso de mejora en este campo, lo que al principio nos ayudó a cumplir esa ley del 20/80 fue entender la diferencia entre comida real y comida no real. La forma fácil de comprenderlo es que deberías comer siempre cosas que tu abuelo podría entender; por ejemplo, una hamburguesa de merluza sazonada a lo mejor no lo entiende muy bien, pero sí que sabe qué es una merluza con patatas.

Te recomendamos que revises el episodio en el que entrevistamos a Carlos Ríos, creador del movimiento Realfooding, en el que nos contaba la cantidad de ultraprocesados que comemos en nuestro día a día sin darnos cuenta y que, por desgracia, invaden los supermercados. De hecho, hay otros entrevistados muy conscientes de su salud, como Sergio Fernández, que directamente nos invita a no comprar más en supermercados e intentar ir solamente a mercados, carnicerías, pescaderías, fruterías, etc.

Otro paso que dimos para mejorar nuestra alimentación fue entender qué NO debíamos comer. Al final, se trata de aplicar sentido común. La siguiente lista te permitirá ver algunos alimentos típicos que solemos comer en el día a día y que, sin embargo, en general no es buena idea comer porque nos inflaman, nos afectan en la glucosa, nos hacen ganar peso por el exceso de calorías y mucho más:

- Pan.
- Cereales azucarados, galletas, bollería.
- Chocolate.
- Lácteos (en exceso).
- Rebozados.
- Fritos.
- Salsas.
- Por supuesto, alcohol (vino, cerveza, etc.).
- Refrescos (Coca-Cola, Fanta, Aquarius, etc.).

No necesitamos esos alimentos para estar sanos, llenos de energía y disfrutar de una comida rica. ¡Oye! Que nosotros somos los primeros que a veces comemos alimentos de esa lista, pero aquí lo importante es cómo comemos en la mayoría de las comidas.

Si hacemos entre catorce y veinte comidas semanales (luego hablaremos del ayuno), al menos deberíamos asegurarnos de que alrededor de diez o doce estén bien hechas. También tendríamos que controlar las «malas elecciones», pero, a ver, que nosotros también vamos al McDonald's muy de vez en cuando, nos encanta comer calamares rebozados con limón en la playa, y la tarta de queso nos pierde...

Creemos que es posible conseguir grandes resultados así. Solo hace falta ser consciente de esta información y asegurarte de que la mayoría de las decisiones son acertadas.

Respecto al arte de no comer, también conocido como «ayuno», somos grandes fans. Nosotros solemos hacer ayuno intermitente, que básicamente consiste en no comer nada desde que te despiertas hasta la una, las dos o las tres. Dicho de otra forma, se trata de abrir la boca para comer solo durante una ventana de siete u ocho horas, y el resto de las horas no comer nada.

Ya hace años que lo hacemos y, sobre todo, donde vemos más beneficios es en la concentración para trabajar, la energía y el control del peso. También lo hacemos por todos los beneficios de salud que tiene el ayuno en nuestro cuerpo cuando se realiza de manera controlada y adecuada:

- **Mejora la salud metabólica:**
  - Ayuda a mejorar la sensibilidad a la insulina y a estabilizar los niveles de azúcar en la sangre, lo que reduce el riesgo de diabetes tipo 2.
  - Facilita la pérdida de grasa corporal al aumentar la quema de grasas y reducir la ingesta calórica.

- **Promueve la autofagia:**
  - Estimula el proceso de autofagia, que hace que el cuerpo elimine y recicle células dañadas, lo que puede mejorar la salud celular y prevenir enfermedades.
- **Mejora la salud cardiovascular:**
  - Puede reducir los niveles de colesterol LDL (malo) y triglicéridos, y así mejorar la salud del corazón.
  - Reduce la inflamación crónica, un factor de riesgo para muchas enfermedades cardiovasculares.
- **Beneficios para el cerebro:**
  - Puede mejorar la función cognitiva y la memoria, y reducir el riesgo de enfermedades neurodegenerativas como el alzhéimer.
  - Ayuda a proteger las neuronas del daño causado por el estrés oxidativo.
- **Aumento de la longevidad:**
  - Estudios en animales sugieren que el ayuno puede aumentar la esperanza de vida y mejorar la salud general a medida que se envejece.
- **Control del peso:**
  - Ayuda a reducir la ingesta calórica total y a promover la pérdida de peso y la reducción de grasa abdominal.
- **Mejora de la respuesta inmunitaria:**
  - Puede reforzar el sistema inmunitario al eliminar las células dañadas y permitir la regeneración de nuevas células sanas.

- **Regulación de hormonas:**
  - Aumenta los niveles de la hormona del crecimiento, que es crucial para la pérdida de grasa y el desarrollo muscular.

Estos son los beneficios que hemos extraído de las investigaciones de los expertos, pero pueden variar de persona a persona y dependen de la frecuencia, duración y tipo de ayuno. Además, el ayuno se debe hacer con supervisión médica, especialmente si tienes condiciones de salud preexistentes. Se debe plantear una dieta variada y establecer en qué se debería fijar cada persona según su caso.

Si tuvieras que comer un solo plato el resto de tu vida, ¿qué ingredientes meterías?

Esta fue otra de las preguntas que hicimos a varios de los expertos que entrevistamos. Buscábamos algo más aterrizado y divertido para que resumieran sus conocimientos en un pequeño párrafo. Nos encantaron varias respuestas, y queremos destacar la de Marcos Vázquez:

> Elegiría una gran ensalada con los siguientes ingredientes: base de verduras de hoja verde (espinacas, kale, lechuga romana, berro, hoja de mostaza...),

sardinillas, huevo cocido, queso feta, lentejas, arándanos, aceite de oliva y vinagre.

Ajustaría las proporciones de cada ingrediente según mis necesidades diarias (por ejemplo, más o menos carbohidratos en función de mi nivel de actividad física), pero esta combinación aporta proteína de calidad, grasas saludables, fibra, vitaminas, minerales y una gran cantidad de polifenoles.

El Dr. Hernández también nos explicó lo que haría:

Hay que incidir en que, comiendo un único plato, sería difícil que no existiera ninguna carencia de micronutrientes. Sin embargo, si solo tuviéramos la opción de elegir un único plato, lo ideal es que incorporemos los tres macronutrientes.

Como carbohidrato, optaríamos por legumbres (lentejas, garbanzos, alubias…). De esta manera, estaríamos añadiendo un carbohidrato de baja carga insulinémica, con alta cantidad de fibra y la suficiente glucosa para que sirva de sustrato energético a lo largo del día, así como micronutrientes y fitonutrientes importantes para el organismo.

En ese plato también sería fundamental incluir grasas esenciales, idealmente en forma de aguacate, aceitunas y una pequeña cantidad de aceite de oliva.

Respecto al tercer macronutriente, la proteína, incorporaremos un poco de proteína magra, por ejemplo, pescado azul (por su contenido de omega-3), pescado blanco o una carne.

Si tuvieras que quedarte con cinco suplementos top para la sociedad en general, ¿cuáles crees que pueden ser los más útiles y por qué? ¿Qué podríamos notar?

Esto es lo que nos respondió Marcos Vázquez:

Aunque la suplementación debería pautarse en función de posibles carencias individuales, hay algunos compuestos que suelen ser deficitarios y que ayudarían a muchas personas. Destacaría los siguientes: magnesio, vitamina D, omega-3 (EPA y DHA), creatina y extracto de arándano.

- El magnesio participa en más de trescientas reacciones bioquímicas en el cuerpo, incluyendo la función muscular y nerviosa, el control de la glucosa en sangre y la regulación de la presión arterial.

- La vitamina D es esencial para la salud ósea, la función inmunitaria y la regulación del estado de ánimo.
- Los ácidos grasos omega-3 son importantes para la salud cardiovascular y cerebral, así como para reducir la inflamación en general.
- La creatina ayuda a mantener la masa muscular y la función cognitiva.
- Y el extracto de arándano aporta polifenoles con gran poder antioxidante, además de mejorar el rendimiento cognitivo.

Por otro lado, estos son los cinco suplementos más importantes que podríamos incluir en el día a día según el Dr. Hernández:

- Magnesio: este mineral es importante para el organismo por múltiples funciones fisiológicas, e incorporarlo nos permite una mejora del tránsito intestinal (para personas con estreñimiento, puede ser un perfecto aliado). También tiene un gran impacto en la densidad mineral ósea y en el correcto funcionamiento del metabolismo. Pero si tuviéramos que destacar una de las propiedades del magnesio, sería su impacto positivo en el buen funcionamiento de la masa muscular y la prevención de la neuroinflamación. Este mineral puede ayudar a que muchos procesos cognitivos y muchas funcionalidades del sistema nervioso sean más eficientes.

- Aminoácidos esenciales: existen muchas situaciones en las que el organismo puede demandar una mayor cantidad de proteína, pero quizá no podemos ingerir todo lo que necesitamos en forma de comida a lo largo del día. Pequeñas tomas de aminoácidos esenciales pueden cubrir que no tengamos una repercusión negativa a nivel muscular, óseo o inmune por déficit proteico.
- Berberina: es un excelente principio activo que facilita una mejora de la sensibilidad a la insulina y la flexibilidad de nuestro metabolismo. Con este suplemento podemos mejorar el perfil de nuestra glucosa, el perfil lipídico, y prevenir la hipertensión y la acumulación de grasa abdominal.
- Ácido alfa lipoico: es muy interesante por sus acciones detoxificantes hepáticas, su capacidad de quelar metales pesados, como el mercurio o el arsénico, y, en especial, su potencia para favorecer la sensibilidad a la insulina (sobre todo, cuando se toma antes de hacer cualquier tipo de actividad deportiva).

- Electrolitos: son muy relevantes en momentos de alta sudoración y en los que perdemos sales minerales con riesgo de lipotimia.

Principio 17

El hábito que es peor que fumar cigarrillos

Hace dos mil años, la gente tenía que esforzarse por sobrevivir. En cambio, en la actualidad, ya no tenemos que preocuparnos por si hace falta cazar, recolectar o procrear. El estrés era positivo; es lo que nos hacía estar alertas, perseguir la comida cuando teníamos hambre y darnos cuenta de que debíamos espabilarnos para sobrevivir. Entonces ¿por qué es un problema ahora? El estrés actual no nos beneficia. No hace falta vivir con estrés a las nueve de la mañana porque debes entregar un proyecto en tu empresa. Tenemos que empezar a trabajar en cómo gestionamos emocionalmente las cosas que nos pasan, y nosotros somos partidarios de que todo se puede entrenar y de que el estrés también es un músculo que puedes ejercitar.

Pepe García, del pódcast *El Estoico*, nos decía esto de los estoicos: «No eres lo que te pasa, sino cómo reaccionas a lo que te pasa». Tal vez, si aprendiéramos a respirar profundamente al recibir una mala noticia, no nos estresaría y tendríamos una mejor salud.

Hay gente que puede decir: «Ya, pero es que yo me estreso porque me importa el proyecto». Y es comprensible, pero debemos entender que ese estrés de intensidad media y constante en el tiempo no es nada positivo para nuestra salud.

Aun así, es muy curioso cómo funciona el cuerpo. Si lo analizas en todos los ámbitos, un poco de estrés controlado te hace ser tu mejor presión. Por ejemplo, estresar el cuerpo entrenando o en un baño de agua fría son hábitos muy positivos para la salud, pero vivir en esa preocupación constante por el futuro no nos está haciendo ningún bien.

Hablándolo con el psicólogo Rafael Santandreu, nos dimos cuenta de que esa preocupación no dejaba de ser un miedo interior. Todos nos comportamos para evitar miedos a cosas que aún no han pasado: casi nunca tenemos miedo de algo que ya ha pasado, sino que tenemos miedo a quedarnos sin dinero o a perder la atención o el reconocimiento. Sin embargo, si confías de verdad en ti mismo y en las habilidades que has adquirido con tu experiencia laboral a lo largo de los años, te das cuenta de que, si lo perdieras todo, serías capaz de recuperarte con facilidad y volver a situarte donde estás.

Debemos empezar a entender que el valor no está ni en lo material ni en los dígitos que tengamos en la cuenta bancaria, sino en todas las habilidades y experiencias que hemos vivido con el tiempo.

Rafael Santandreu nos dijo que nuestra rutina debía acercarse a la de nuestros ancestros por una cuestión de coherencia con nuestra esencia: los ancestros eran cazadores y recolectores, trabajaban una parte del día (que no eran ocho horas) y después dedicaban tiempo a amar a los suyos y a hacer cosas creativas con ilusión.

Queremos resaltar una cosa que nos dijo el Dr. Hernández sobre el estrés:

> Con terapia de psicología conductual de exposición progresiva, tus rayadas se convierten en obsesiones. Realmente todos hemos experimentado alguna vez una rayada… Empiezas a tener pensamientos irreales que son conclusiones a las que llega la cabeza, y no debería ser así. La terapia de exposición y prevención de respuesta es «Mira lo que ha pasado, mira las conclusiones que sacas», «Que yo hable con mi ex no significa que no siga enamorado de mi novia», «Que comparta esto con mi novia no significa que lo que ha pasado sea malo»… Muchas veces magnificamos los posibles problemas (que aún no existen) después de un diagnóstico. Es decir, sufres más de lo que deberías.
>
> Cuando no te asumes como víctima y ves que todas las cosas malas que te pasan son una oportunidad de crecer, sales ganando. Lo he visto en todos los deportistas de éxito que he conocido.

Por otro lado, el psiquiatra Jesús de la Gándara nos decía en el pódcast que realmente el ser humano sufre tanto estrés actualmente por una necesidad de sentir control:

> Siempre perseguimos eso: el control. Cuando tengas un problema, fíjate en si lo ves como un reto o como un riesgo.

> Esa es la comparación que tienes que hacer. Acepta el reto, aléjate del riesgo.
>
> Acuérdate del auto. Tienes que hacer cosas, tienes que sentirte autor. Eso ayudará a que tengas más sensación de control.

Un hábito que practicamos muchísimo es que cuando estamos preocupados o estresados por cosas del trabajo, simplemente nos sentamos ante una hoja de papel y escribimos una lista de todo lo que tenemos que hacer. Escríbelo todo, no te dejes nada; cualquier detalle importa, porque ese detalle puede ser el causante de toda tu preocupación. Cuando termines, ordénalo por prioridades y busca un hueco en la agenda esa semana para resolver las tareas más importantes o hacer todo lo que esté en tu mano en ese momento.

Escribir nos ha cambiado la vida. Aprender a estar en silencio, en solitud, en una habitación sin hacer nada es el mejor entrenamiento que puedes llevar a cabo para estar en paz. El empresario Naval Ravikant siempre dice que, para él, ser feliz significa estar en paz. Cuando habla de felicidad, en realidad habla de paz, y tener paz no es una decisión externa, sino una decisión interna de cada uno sobre cómo afrontamos lo que nos pasa. Aquí no vale decir: «Es que yo soy así», porque eso es una forma de etiquetarte. Tú eres lo que tú decidas hacer, y tú tienes la personalidad que tú decidas tener en cada momento. Si quieres ser extrovertido, desde mañana puedes empezar a actuar como un extrovertido, y la gente pensará que eres así y no podrán ver tus pensamientos ni tus miedos.

Si seguimos la teoría de la terapia conductual, te das cuenta de que cuando estás fingiendo ser la mejor versión de ti mismo, te acabas exponiendo tantas veces a la situación que te da miedo que, al final, reduces la preocupación al mínimo y vences ese miedo. De ahí la famosa frase en inglés «*Fake it till you make it*» ('Fíngelo hasta que lo consigas').

3

Relaciones

Principio 18

El camino del guerrero empieza en solitario

La sociedad actual tiene un gran problema: no sabemos estar solos. Todos hemos sentido alguna vez esa sensación al acabar un plan social con amigos: mientras volvías a casa, te recorría un escalofrío por el cuerpo que te hacía pensar: «Ostras, otra vez a solas conmigo mismo».

Esta es la relación número uno que deberías trabajar, y por este motivo esta es la primera regla de este apartado del libro. Constantemente fantaseamos con encontrar el amor de nuestra vida o con poder mantener una relación de amistad que empezamos en el colegio y que hemos cultivado durante muchos años, pero no somos conscientes de que ya existe una relación emocional de mejores amigos que tendrás hasta el día en el que te mueras. Y esa es la relación contigo mismo.

A veces quedamos muy sorprendidos con la forma en la que se hablan las personas a sí mismas. Se infravaloran, se menosprecian y se lo echan en cara siempre que hacen algo mal. ¿Tú le dirías «Eres muy tonto» o «Qué malo eres», por ejemplo, a la persona que más quieres del mundo? ¿Por qué lo haces a diario contigo mismo? Las palabras tienen un poder enorme sobre lo que hacemos cada día.

SERGIO: Recuerdo aquellos meses de 2017. En ese momento estudiaba cuarto de la ESO y ya veía en redes sociales perfiles como el de GaryVee y otros emprendedores motivacionales... Ese contenido me abría la mente a una vida alternativa posible en la que pudiera tener todo el dinero y toda la libertad del mundo y, encima, trabajando en algo tan divertido que quisiera hacerlo todos los días. Obviamente, cuando me despertaba al día siguiente, volvía a la misma clase con las mismas personas y el mismo entorno. Nada había cambiado por fuera, pero algo dentro de mí sí lo había hecho. Volvía a hablar con ese entorno y me daba cuenta de que ese sueño de libertad y abundancias era prácticamente imposible y que el mejor plan que podía hacer era sacar las mejores notas que pudiera. Así, con suerte y echándole algo de cara (eso siempre se me ha dado bien, ja, ja), conseguiría un puesto de trabajo estable con un buen salario para muchos años.

JUAN: Fíjate, Sergio, cómo es el miedo y cuánto limita la mente. En ese momento, pensábamos que un buen salario eran 2.500 € al mes. Ojo, y lo decía bajito para que nadie me oyera, a ver si iban a pensar que estaba fumado o que necesitaba una colleja para que se me bajaran los humos.

Sergio: Sí, tío, el entorno es la clave. Y si no tienes un entorno que haga que parezca posible ese sueño de vida que tienes en la cabeza, deberías crearte tú un entorno ficticio de referentes que te permitan vivir en solitud motivado y enfocado. De hecho, ¡qué coño!, voy a compartir con vosotros una foto de mi habitación en aquellos años de «despertar». Mi pared la componían numerosas publicaciones de Instagram de frases motivacionales que iban en la dirección de la vida que yo quería, y, aunque suene raro decir esto, sentía que esa pared me entendía, no me juzgaba, veía posible que yo consiguiera esos objetivos irreales que pensaba en secreto.

La gente te va a querer ver crecer hasta que estés en un punto donde no te creerán y te intentarán tirar.

ROMUALD FONS

Lain García Calvo nos dijo que para progresar necesitas desprenderte de todo lo que no te hace crecer, y muchas veces eso pasa por quedarte solo. Como suele decirse, mejor solo que mal acompañado.

Su libro best seller *La voz de tu alma* lo empezó a escribir un domingo por la mañana, después de que la noche anterior a las diez y media un amigo suyo lo llamara para decirle que se había acostado con su novia. Le habían destrozado el corazón dos personas que él quería mucho. Ese fue el detonante que le hizo querer luchar por todo en su vida.

Esto es un recordatorio más de que hay que aprovechar todo como una oportunidad, en lugar de verlo como «mala suerte» y pensar que eres una víctima.

La gente quiere verte crecer, pero no quieren verte crecer más de donde están ellos.

ALEX HORMOZI

Romuald Fons nos contaba que, cuando enseñaba que no ganaba pasta mediante el SEO, todo el mundo lo apoyaba y lo animaba a continuar. El primer mes ganó 1 € (trabajando dieciséis horas al día), el primer año acabó en 1.800 € mensuales, el segundo en 7.000-8.000 mensuales, y el tercero en 18.000-20.000 mensuales.

Ahí vivió que el entorno dejó de apoyarlo, y le tocó adentrarse en el camino del guerrero. Para evolucionar de entorno, primero necesitas desprenderte del que tienes. Si estás en este proceso, verás que no será complicado para ti; será algo que te nazca de forma natural. Cada vez te apetecerá menos juntarte con la gente de antes y tu atención se irá a nuevos contextos.

Principio 19

Genera un equipo ganador a tu alrededor

«No podrás competir más, tendrás que retirarte de la natación». Eso es lo que le dijo el médico a Lain cuando era simplemente un adolescente. Le diagnosticaron fibromialgia, y él en esa época estaba entrenando entre cuatro y cinco horas al día, intentando hacer realidad su sueño de llegar a ser campeón de España.

Para él fue muy complicado recuperarse y sentirse feliz. Nos contaba que incluso cayó en una depresión, y del grupo de amigos de la natación ninguno le llamaba para preguntarle qué tal estaba.

En ese momento de soledad y oscuridad, leyó *El Alquimista*, de Paulo Coelho. Dice que después de leer ese libro, tuvo una revelación y oyó la voz de su alma hablándole: «Es hora de moverse, de intentarlo. Rendirse es muy fácil. Solo tú y yo sabemos de lo que eres capaz».

Enseguida, lo que hizo Lain fue buscar un nuevo contexto. Con esas condiciones y ese diagnóstico, ningún entrenador quería prepararlo para la competición; pensaban que perderían el tiempo y que no serviría para nada. Él buscaba un entrenador que realmente creyera con absoluta firmeza que podría conseguirlo, y al final lo encontró.

Dejó de pensar que era inválido y empezó a creer que tenía todo lo necesario para ser más fuerte y constante que nunca. Lain nos contaba que él siempre era el ganador menos experimentado de la piscina y que eso le hacía exigirse el cien por cien en cada entrenamiento. Solo un año y medio después del diagnóstico, quedó doble campeón de España en natación y se clasificó para el campeonato de Europa, donde consiguió ser finalista.

Es decir, pasó de un diagnóstico que se cargaba su carrera a llegar a lo más alto.

Una de las cosas que más agradecemos de haber trabajado en nuestra marca personal es hacer que muchas otras personas conozcan lo que hacemos y cómo somos. Esto nos ha permitido generar relaciones de amistad puras que han nacido desde un ganar-ganar. Por ejemplo, tenemos amigos de veinte años más que nosotros y también de cinco años menos, y con absolutamente todos aprendemos, reímos y nos sentimos apoyados.

Con esto no queremos decir que solo debas tener amigos que sean referentes y emprendedores con una facturación de 10.000 € al mes. Lo que queremos decir es que tu entorno facilitará que te conviertas en tu mejor versión. Si no te gusta tu vida actual o tus resultados, probablemente algo que ayude mucho a esa nueva versión tuya sea cambiar tu entorno. Y para cambiar de entorno, muchas veces primero hace falta pasar por el camino del guerrero que comentábamos en el anterior apartado.

Si trabajas en ti mismo y aumentas tu crecimiento personal y la autoconfianza, eso se transmite como un imán de gente y cada vez más personas querrán que formes parte de su contexto. Ese es el camino hacia relaciones más sanas.

Cuando buscas amistades como un desesperado en el evento de *networking* para emprendedores de tu barrio, probablemente lo único que encuentres son otras personas desesperadas, como tú, y eso no es lo que quieres.

Al final, un entorno no simplemente son las personas a las que dedicas horas de tu vida, sino también aquello a lo que prestas atención: la casa en la que vives, el barrio en el que te mueves, la comida que comes, lo limpio que tienes el coche, el contenido que lees y escuchas... Todos esos elementos afectan a tus resultados, con lo cual ya no es solo cuestión de prestar atención a tu agenda de WhatsApp, sino que tienes que prestar atención a dónde estás destinando tu energía vital y tu atención en el día a día.

Hablando con psicólogos y expertos de la emoción humana, llegamos a la conclusión de que la ley del espejo afecta mucho nuestro día a día. Si te afecta algo de tu mejor amigo, es muy probable que sea porque tú en parte no lo hayas sanado por dentro. Aprovecha el reflejo que te da la gente de tu alrededor como una oportunidad de mirar dentro de ti y aprender qué cosas debes solucionar para estar en paz. Sí, tu amigo puede ser un desordenado, pero si te estás fijando en eso es porque dentro de ti existe desorden. Sabemos que esto puede causar mucha duda y contradicción, pero si lo meditas por un momento te darás cuenta de que sucede en más de una ocasión.

No hagas amigos en una discoteca; mejor, busca contextos donde sea más fácil encontrar a gente como tú, sitios donde haya que esforzarse para salir adelante. Puede que hagas amigos que te aporten en sitios donde haya deporte en comunidad, donde se ayude caritativamente a una asociación o una ONG, en un club de lectura y, sobre todo, tirando de amigos. Si te gustaría que todo tu entorno fuera como un amigo tuyo en concreto, pregúntale si conoce a más gente parecida, porque a lo mejor esa presentación puede ser una manera de ampliar tu red de contactos con gente que te influya de forma más positiva en tu vida.

En resumen, quédate con esto: lo que tienes a tu alrededor importa. Todo lo que entra en contacto contigo te acaba afectando, así que debes prestar atención al elegir con qué personas, en qué sitios y en qué actividades quieres pasar el tiempo. Si quieres ser feliz, juntarte con alguien que siempre está quejándose o hablando de desgracias probablemente no sea el camino y necesites encontrar gente que sea mucho más feliz que tú.

> Eres la suma de las cinco personas con las que más tiempo pasas.
>
> JIM ROHN

Principio 20

Dos naranjas completas que se suman

Curro Cañete compartía esta reflexión con nosotros:

> El amor romántico es peligroso, porque la gente tiene miedo a la soledad y eso hace que se unan a gente que también es dependiente y se crea una relación tóxica. En cambio, cuando el amor es sano, hay muchísimo poder porque no hay dependencia ni toxicidad, sino potencia y libertad.

Toda la vida perseguimos ese amor de película. Pensamos que existe y que solo tenemos que seguir buscando, pero lo que nos confirma nuestra corta experiencia y lo que nos cuentan los expertos es que el amor se parece más a dos naranjas completas que se suman en lugar de dos medias naranjas que se completan.

Aquí hay siempre un tema: «Me distraeré si me enamoro y no seré tan trabajador con mi proyecto». Creemos que hay parte de verdad y parte de mentira. En el momento en el que escribimos este libro, los dos tenemos pareja y estamos seguros de que es el año en el que hemos sacado adelante más cosas: dos capítulos del pódcast a la semana, varios eventos presenciales masivos, una formación de marca personal por la que ya han pasado más de setecientas personas (y cada vez son más), contenido para nuestras propias marcas personales... Ah, y ser personas, por supuesto: ir a entrenar, hacer cosas típicas de unos chavales de veintitrés años y dormir, que, como ya habéis visto, es bastante importante.

La conclusión que sacamos es que si estás bien acompañado, vas más rápido, de forma más constante y durante más tiempo. Sin embargo, lo más importante que hay que trabajar y tener en cuenta son las expectativas. Si empiezas una relación generando las expectativas de que estarás siempre disponible (no solo para los temas relevantes), de que tus proyectos no son tan importantes para ti y que lo único que te hace feliz es estar con la otra persona, es probable que después las expectativas fallen y que eso genere muchos problemas.

En cambio, si las dos naranjas de la pareja están completas y tienen sus prioridades, y la otra persona simplemente es un acompañante más (aunque uno destacado), ahí sí es más fácil poder seguir creciendo en tu vida. Esto es lo que decía Itiel Arroyo:

> El amor es elegir, no necesitar. Las mejores cosas en la vida se eligen. Cuando yo elijo la monogamia es porque Dios diseñó que la relación con una persona es la que te extraerá la mayor riqueza en la vida. Te dará el sexo más satisfactorio, el sentido de vida, creará una atmósfera para que nazcan hijos con una identidad sólida, con valor.

Cuando hablamos con Itiel, nos dejó claro que lo bueno en la vida se elige. Que para apreciar algo de verdad tienes que estar dispuesto a renunciar a otras tentaciones. Y, si lo piensas, tiene bastante sentido. Si quieres tener un gran físico, seguro que debes renunciar la mayor parte del tiempo a comidas que no contribuirán a tu salud. Si no, nunca tendrás abdominales ni conseguirás el objetivo físico que quieres. No puedes crecer en músculo si no te esfuerzas, sudas y «sufres» en el gimnasio. Desde el sofá de casa no conseguirás nada que merezca la pena; todo en la vida requiere un esfuerzo, un pequeño sacrificio que te dará la mayor abundancia.

> Las parejas son una oportunidad para hacer crecer el carácter. La pareja es ese espejo de tus debilidades que te hace entrar hasta en los rinconcitos de tu alma más oscuros y abre las ventanas para que haya luz.
>
> Esta generación del Tinder, del porno, del placer inmediato... está perdiendo la verdadera felicidad.

Es un tema del que siempre reflexionamos. ¿Hasta qué punto existe el amor para toda la vida? ¿Se parece más a un contrato que vais renovando cada año si os seguís sumando?

No tenemos la respuesta exacta, pero lo que sí sabemos es que hay muchas cosas importantes que tú las vives sin saber del todo si son lo correcto o la mejor decisión. Solo tenemos este momento, el presente, así que si ahora seguís siendo dos naranjas que se suman, puede que estés cerca de esa decisión correcta.

> El amor de pareja me permite ser yo mismo, me vuelve a llevar a mi centro. Si no, sería adicto a mi trabajo, pero mi relación me deja en equilibrio. Todo el mundo es complicado y todo el mundo es simple, pero para ello es importante decir la verdad y que la comunicación sea buena.
>
> ROMUALD FONS

En el pódcast de Itiel Arroyo, Juan le preguntó si existe esa princesa o ese príncipe azul que nos han metido en la cabeza, y esta fue su respuesta:

> Yo lo que pienso, Juan, es que no existe un príncipe azul como tal. Yo pienso que existen personas con las que conectas, y luego te comprometes con ellas para crecer juntos. Si estás buscando un producto terminado, vas a fracasar. Por ejemplo, lo bonito es que si alguien te ha elegido a ti antes de tu éxito, sabes que lo hizo no por el éxito ni el dinero, sino por tu corazón. Construir juntos desde ahí es muy poderoso. Si ves esas semillas de potencial, riégalas y abónalas, porque eso te dará los frutos más abundantes.

Principio 21

Amar es para valientes

Vivimos en una sociedad de dopamina instantánea y enseguida nos aburrimos de una camiseta, del trabajo, de los amigos y de la pareja.

Nos resulta frustrante porque vemos que caemos en este problema una y otra vez. De hecho, sin ir más lejos, hace poco tomamos la decisión de independizarnos y ahora vivimos en Andorra, en las montañas. Aquí es todo muy tranquilo, casi no hay estímulos y es un gran espejo para que trabajes en lo que tienes dentro: si no estás feliz, en paz con tu interior y tu vida, este país te lo sacará de dentro y te hará sentir mal. Tú intentarás taparlo con más horas de trabajo o persiguiendo otras «zanahorias» de la vida, pero solo serás feliz al cien por cien si solucionas ese nudo que tienes dentro. Y a veces, cuando estamos aquí, tranquilos, en la casa de ensueño que tenemos, con amigos de compañeros de piso, libertad de tiempo y horarios, planes, café de especialidad en la mano…, pensamos en lo que haríamos ahora mismo en Nueva York, o en Bali, o en vete a saber dónde. Es una putada.

A lo que vamos con todo esto es que la tendencia natural de la cabeza es irte a lo que no tienes, y te diremos algo: ya tienes todo lo que necesitas para ser plenamente feliz.

Con el amor de pareja pasa lo mismo. Estamos un poco hartos de que no se luche por el amor de verdad, que no haya respeto y compromiso con una persona a la que queremos, por eso lo hemos incluido en el libro y también lo tratamos a veces en el pódcast.

Para ello, volvemos a citar a Itiel Arroyo, esta vez explicando que el verdadero amor es una acción, no un sentimiento:

> El verdadero amor está en el sacrificio. Todo lo que vale la pena en la vida requiere un esfuerzo (físico, económico…). ¿Por qué no se iba a aplicar la misma ley en el amor?
>
> […] Jesús lo describe como un sacrificio. Estar dispuesto a perder para un bien mayor.

Itiel conoció a Damaris cuando ella tenía dieciocho años. El chico aún estaba buscando su plan, y ella fue la primera que apoyó su camino. Gracias a Dios, ahora trabajan juntos en ese plan en el que están progresando. Qué bueno es tener a una persona en la vida que te mire y te diga: «Yo quiero que seas el hombre que Dios planificó y diseñó que fueses». Y que tú le digas a ella: «Quiero que seas la mujer que Dios planificó y diseñó que fueses».

Ahora, veinte años después y con un hijo, Itiel explica que Damaris ya no tiene el cuerpo que tenía entonces porque ha entregado su cuerpo por amor, por su hijo. Hay gente que podría verla y pensar: «Tu cuerpo no es como el de la veinteañera que fuiste. Me voy con otra que sí tenga ese cuerpo». Pero Itiel ha descubierto que el verdadero amor es que todos esos defectos, esa alma, le provee de todo lo que él necesita.

Él fue adicto al porno y vio a actores famosos que decían que el mejor sexo que habían tenido no era el sexo con cinco mujeres a la vez en una postura rara. No, el mejor sexo era el que tenían con su pareja:

> No cambiaría mi relación de veinte años con Damaris por una noche loca de sexo. El sexo no se puede comparar con una relación donde el amor se ha construido. El mejor sexo no es el que uno pueda tener con un desconocido en una noche loca, sino que el mejor sexo es el sexo con intimidad. Una cosa es actuar por ti, por el ego, y otra es actuar por nosotros, al servicio del resto.

Principio 22

Las palabras que te harán ganar

Tener buenas ideas está muy bien, ponerlas en marcha está aún mejor, y saber comunicar las ideas que tienes en la cabeza para que otros te las compren es incluso más importante.

En *Tengo un Plan* hemos tenido la suerte de entrevistar a grandes comunicadores, como Teresa Baró, Adrià Solà Pastor y Fer Miralles, y este último nos dijo una frase que nos impactó muchísimo: «La oratoria ha hecho más daño que las balas».

Un buen comunicador tiene un gran poder, y ya sabes que un gran poder conlleva una gran responsabilidad. Saber comunicarte hará que ganes más dinero, tengas mejores relaciones, obtengas un mayor éxito en tu sector...

Todos nos hemos escondido cuando la profesora ha preguntado: «A ver..., ¿quién quiere salir a hablar?». Entonces sentíamos un miedo terrorífico..., pero ahora desearíamos que nos hubieran sacado más veces, porque es una habilidad muy valiosa.

Hay dos consejos que te pueden ayudar mucho a hablar en público:

- **Por muy guapo que seas, recuerda que tú no eres el protagonista.** Cuando estamos en la tarima con cientos de personas delante, no paramos de tener un diálogo interno que nos dice: «¿Qué estás diciendo? Mira con qué cara te está mirando ese tío. Deja ya de hablar, estás soltando gilipolleces... Madre mía, se van a ir todos corriendo». Bueno, pues esa voz que piensa que lo estamos haciendo fatal se debe a que el foco del momento lo estás poniendo en ti, no en las personas que están en la sala. Lo que más funciona es salir al escenario pensando en las personas que están sentadas y que tu diálogo interior constante sea esta pregunta: «¿Cómo puedo ayudar a estas personas que han pagado por estar aquí?». Cuando te das cuenta de que lo importante no eres tú, consigues comunicar de una manera más fluida sin entrar en ese bucle mental.

- **Practica, practica y practica.** Esto es más viejo que Cascorro, pero es lo más importante. Cuesta tiempo y mucha disciplina, pero te da los resultados más grandes.

Otro consejo que nos dieron los expertos en comunicación y que quizá te sirva para tus primeros pasos en el mundo de las conferencias o grabándote con la cámara es que tus intervenciones sean de temas que controlas muchísimo. Al fin y al cabo, siempre nos sentimos más seguros cuando hablamos de lo que más sabemos. Prueba a grabar un primer vídeo sobre el tema que más controles, algo que sepas hacer con los ojos cerrados y que sabrías explicarle a cualquier persona.

Otra cosa que debes hacer y que marca la diferencia cuando te comunicas en redes sociales es adaptarte a la persona que te está escuchando. Debes adaptar todo tu discurso, hasta los ejemplos. Con esto conseguiremos que la persona que nos escucha tenga más conexión con nosotros y, por lo tanto, preste más atención.

Principio 23

Cómo ser uno de ellos

Con algunas personas, solo con mirarlas ya te das cuenta de que tienen un brillo especial.

Hay gente que a eso lo llama «carisma». Si supiéramos cómo mejorar este carisma, podríamos aumentar las oportunidades que nos surgen en la vida y, por qué no decirlo, conseguirías ligarte a esa chica o ese chico que llevas tiempo mirando y a quien no te atreves a hablarle.

Lo que nos gustó de las conversaciones con los expertos en estilo y comunicación fue ver que el carisma no es algo que solo sea accesible para un grupo de privilegiados con buena genética. Hay gente que lo tiene más fácil por nacimiento o por su personalidad, pero no siempre es así. Lo bueno es que hay herramientas y formas de trabajarlo para aumentarlo.

Lo mismo pasa con el miedo a hablar delante de la cámara: muchos se aterrorizan con la idea de que unos desconocidos vean las ideas que tienes en la cabeza y que opinen de ti. «Madre mía, como se entere Miguel de que he empezado a hacer vídeos en YouTube, me voy a morir de vergüenza». Y así con cualquier persona que se te ocurra.

Hay gente muy rígida por educación o por profesión, pero eso no quiere decir que no puedan mejorar su carisma y ser más atractivos para otras personas.

El carisma, la capacidad para atraer a los demás y ser diferente, único o distinto, se desarrolla cuando estás tranquilo y seguro de lo que dices. En general, somos demasiado exigentes con nosotros mismos, y eso nos mantiene demasiado tensos. Vuelve a verte en una grabación, eso te ayudará a ser más consciente de ti mismo.

El carisma se puede mejorar poco a poco, es como conocerse más a uno mismo y aprender a expandir tus fortalezas. Hace que la gente te recuerde.

Nosotros sabemos perfectamente cuáles son nuestras fortalezas y nuestras debilidades, y muchas veces atraes más a las personas cuando reconoces tus debilidades y te apoyas en tus fortalezas. Si te fijas, nosotros en los pódcast nunca vamos de expertos en nada. Eso lo que hace es reconocer que no tenemos un gran pasado académico, y ese mismo acto hace que generes más cercanía con la persona que te está viendo porque ve tu buena intención y que no quieres sentirte superior a él.

Teresa Baró nos contaba esto acerca de cómo debíamos afrontar una entrevista de trabajo o una situación importante en que necesites dar tu mejor cara:

> No podemos falsear demasiado nuestra forma de comunicación, porque también se nota. Lo importante, sobre todo, será la seguridad. ¿Cómo se transmite la seguridad? Con una mirada constante a la persona que tienes delante, una sonrisa abierta y nada tímida, el cuerpo en posición VASE (vertical, abierta, simétrica y estable)... Esto transmite mayor tranquilidad. No es más segura la persona que hace o dice más, sino la que necesita hacer o decir menos. Y ojo con ser arrogante. Hay que ser

humilde: interesarte por la otra persona, escucharla, sonreírle, valorarla... Y es importante tener cuidado con el contacto físico.

Teresa Baró también destacó la importancia de usar trucos de poder:

- Ajustar el volumen que ocupamos (algo que Donald Trump ha sabido dominar).
- Jugar con la altura de la persona que está comunicando.
- El aspecto (cómo te vistes y cómo te ves).
- El uso del tiempo («Mi tiempo vale más que el tuyo»).

Fijémonos, por ejemplo, en una negociación donde queremos obtener un presupuesto, una venta, etc. Lo que debemos buscar es un ganar-ganar. Para ello, debemos establecer un vínculo de confianza que transmita tranquilidad y serenidad, y que permita demostrar a la otra persona que tienes algo bueno que ofrecerle, así le puedes detallar tus condiciones e ir preparando la negociación (qué quieres y cuáles son tus mínimos aceptables).

Por otro lado, Baró recalcó la importancia de la voz (paralenguaje). Podemos modelarla y cambiar el tono para mejorar nuestra comunicación mediante la articulación, el ritmo y los silencios. Esto nos ayudará a dejar entrever la emoción del mensaje y la gravedad emocional. La voz es solamente una parte de la comunicación, pero en realidad hay tres: la palabra, la voz y el lenguaje no verbal, que también tiene una gran relevancia.

Nosotros le preguntamos si es bueno o malo hacerse un guion para los vídeos. Nos contó que para los directos ella usa un mapa mental o a veces un *teleprompter*, pero hay que tener mucho cuidado porque el lenguaje oral no es como el escrito. Así pues, tras escribirlo, lo ensaya para que quede natural.

Por último, en el ámbito de la comunicación también es muy importante la vestimenta. «¿El hábito hace al monje?», nos planteaba el experto en oratoria Fer Miralles para hacernos entender la relevancia de la ropa en nuestro autoconcepto y nuestra imagen de nosotros mismos. Para profundizarlo, nos explicó un experimento:

> Cogen a un grupo de médicos, les dicen que hagan su trabajo y miden su productividad. Al día siguiente, les dicen: «Ahora haced el mismo trabajo, pero vais a ir con pantalón corto y con camiseta». El rendimiento baja un 20 %. El siguiente día cogen al mismo médico, le dan la misma bata del primer día y le dicen que es una bata de pintor, y su rendimiento baja un 30 %.

El actor José Zúñiga nos hablaba de la importancia que tiene mostrar una imagen de elegancia y coherente con tu personalidad a la hora de vestir. Él recomendaba que, si no tienes mucha idea de estilismo, tires de conjuntos y conceptos más básicos. Es mejor una camiseta básica que te quede bien que una camiseta que no te siente bien y que, encima, tenga un diseño de colorines en el pecho. Lo mismo con un pantalón:

> No solo existe el pantalón vaquero. Hay muchos pantalones con tejidos y estilos distintos. Ve una tarde a las tiendas de tu centro comercial más cercano y pruébate muchos pantalones. Fíjate en qué pantalones suelen llevar los referentes de moda o los *influencers* con los que más conectes en este sentido y compara para ver si te quedan bien o mal.

De hecho, en nuestro caso, desde que vestimos con un estilo más básico y fijándonos mejor en cómo nos quedan las prendas de ropa, todo nuestro entorno nos ha dicho que vestimos mejor.

Otra manera de ayudarte con el carisma es tener un físico trabajado. Aunque suene superficial, el hecho de tener un cuerpo que se ha entrenado siempre aumenta la confianza en ti mismo, y eso denota que te valoras. Y no solo eso, sino que también hace que la ropa te quede mejor.

Hay algo muy curioso que nos comentaron los expertos en comunicación y que te permite conocer verdaderamente a una persona: prestar mucha atención al contexto en el que os conocéis. Por ejemplo, conocerse en un lugar donde hay una jerarquía (como una empresa) tal vez genere cierta distancia entre vosotros. En cambio, si es en una actividad en la que los dos sois principiantes, puede generar un efecto de crecimiento conjunto y de refuerzo de la amistad porque ambos os sentís vulnerables ante una nueva situación, y eso puede dar lugar a situaciones de humor y de mucha diversión.

Principio 24

Perdona hasta a tu mayor enemigo

Si no perdonas, estarás sosteniendo el peso de una decisión durante mucho tiempo, y eso cargará en tu conciencia hasta que la liberes. Perdonar no es simplemente decir «perdón», sino que va mucho más allá. Itiel Arroyo nos citaba la cultura japonesa y un precioso método que usan para demostrar el valor del perdón:

> Las personas que te hacen daño es porque están rotas. El vaso que corta es el vaso que está roto. Tienen el concepto de *kintsugi*, que es una adoración a las cosas rotas. Reconstruyen las piezas rotas decorando las grietas y hacen que esas piezas sean más valiosas. Para ayudarte, debes tener el nivel adecuado de humildad. El ego y el orgullo son el bloqueo que te impide ser la persona que eres capaz de ser. Somos una semilla, y una semilla tiene que ser enterrada para que se rompa la cáscara y pueda crecer, y esa cáscara es el ego.

Creemos que la mayoría de los problemas que tenemos con otros seres queridos se solucionarían si se hiciera el ejercicio de ser plenamente conscientes de lo limitado que es el tiempo en este planeta. Si piensas en el universo, en el tamaño que tiene, en la barbaridad de años que llevamos existiendo y, sobre todo, en lo que aún queda por existir, te das cuenta de que tu vida no es más que el aleteo de una mariposa. La vida pasa rápido, y los problemas mundanos que tenemos no son tan importantes. Todo es perdonable y comprensible. Eso no quiere decir que vuelvas a llevarte bien con esa persona, sino que tú no tienes que mantener ese rencor y esa rabia por tu parte. Los sueltas. Eso te hace más libre, más amoroso. Y cuando el ser humano es amoroso, es más feliz. Así pues, no impidas tu felicidad.

El acto de saber tener conversaciones incómodas nos parece un arte. Nosotros tenemos charlas así muy a menudo, y muchas veces el hecho de sentarnos y sacar lo que nos está alterando hace que la relación sea mucho más sana y que la otra persona entienda qué está haciendo que incomoda al otro.

La mayoría de las veces, cuando hacemos cosas que molestan o que hacen sentir mal a otras personas, ni siquiera somos conscientes de ello. Y, aunque haya una buena intención detrás, no podemos mejorar si nadie nos lo dice. Por eso es importante tener esas conversaciones incómodas, donde dices con amor y respeto lo que piensas realmente, y debemos recibir todos los consejos como oportunidades para crecer y mejorar.

Es normal que, de primeras, salte tu emoción y que tu ego quiera darle explicaciones al otro, o bien que quieras defender tu comportamiento con rencor y rabia. Sin embargo, cuando las emociones bajan, siempre agradeces esas conversaciones y te das cuenta de que os han beneficiado.

José Elías nos comenta lo mucho que echa de menos a sus padres. Los perdió a ambos de muy joven y no pudieron ver casi nada de lo que le sucedió en la vida a José. Es más, en su entrevista dijo que daría todo lo que ha conseguido por tenerlos vivos de nuevo. Muchos de nosotros ni siquiera hablamos con nuestro padre. Cada persona tendrá sus motivos, pero seguro que ver esta forma de actuar de José puede hacerte reflexionar sobre si realmente merece la pena estar así o no.

Antes de terminar este capítulo, queremos recalcar la importancia de mejorar nuestra relación con nosotros mismos. Si has leído hasta aquí, habrás visto un montón de herramientas para mejorarla, pero de verdad queremos insistir en que, si no sabes estar contigo mismo durante una hora sin hacer nada, es probable que te irriten más fácilmente muchas cosas del resto de la gente. Al fin y al cabo, en este apartado hemos hablado de relaciones, y ya hemos dicho que eres la persona con la que pasarás más tiempo, por lo que debes conocer muy bien a ese compañero.

4

Dinero

Principio 25

Estas son las reglas del juego

Con el dinero, es importante que no te mientan. Si escuchas atentamente la mayoría de las discusiones que tiene la gente cuando llega a la mediana edad, suelen ser por culpa de la falta de dinero o por la falta de libertad (que, en parte, se consigue con el dinero).

¿El dinero da la felicidad? No, pero te quita gran parte de la infelicidad y te ayuda a llegar a un estado de felicidad de forma más fácil. Al tener más tiempo y dinero, tienes más poder para probar cosas que te gusten, para no sufrir ansiedad con un proyecto que tiene que funcionar sí o sí porque necesitas el dinero, etc.

Aun así, el mejor consejo que te podemos dar respecto al dinero es que no tengas prisa. Cuanta más prisa tengas, más se alejará de ti. Todo conlleva un proceso; no intentes usar un atajo, porque la vida te volverá a poner en la casilla de salida.

Nosotros siempre hemos perseguido ganar dinero, ser libres, como cualquier emprendedor que empieza. Probamos múltiples formas de ganar dinero que parecía que iban a ser el atajo soñado hacia la libertad, pero, al final, lo que sucedió es que tuvimos que vivir el proceso como todas las personas que lo han conseguido.

Es un proceso que lleva años, que implica madurez, superar miedos, aprender habilidades de alto valor y ser constante con una misma actividad durante un periodo de tiempo extendido. Esa es la única forma de conseguirlo.

Cuando se dice que tener «foco» es clave, es porque la energía que tenemos es limitada y es imposible rendir al mejor nivel si la dividimos en muchos proyectos. El éxito se consigue cuando permaneces en una misma actividad durante suficiente tiempo.

Visualiza que te has hundido en el mar y quieres llegar a la superficie para respirar (respirar representa conseguir resultados económicos). Tu predisposición genética y tus dones naturales son tu punto de partida en cuanto a la profundidad, que puede estar más cerca o más lejos de la superficie. Sea cual sea tu punto, cuando trabajas constantemente en una única cosa durante un tiempo, poco a poco vas subiendo de altura y acercándote a la superficie. Desde fuera parece que no estás progresando como emprendedor, porque no se ven más ingresos en la cuenta del banco ni números más altos en las métricas de crecimiento o viralidad de tu proyecto. Sin embargo, se está produciendo una mejora. Cuando haces una misma cosa durante el tiempo suficiente, consigues llegar a la superficie (tener resultados). Para cada persona, ese tiempo será distinto. No te compares, eso no te ayudará a llegar más rápido. De hecho, tendrá el efecto contrario: te darán ganas de rendirte y dejarte hundir hasta el fondo del mar. Sigue nadando, sigue esforzándote, no sabes lo cerca que estás de respirar en la superficie.

Una de las cosas que más nos ayudó en nuestro desarrollo personal fue entender las leyes de la abundancia que comparte Sergio Fernández en sus conferencias. Veamos algunas de ellas, que pueden serte de utilidad en tu camino hacia los resultados:

- **Ley de la creación:** «Todo se crea dos veces, primero lo inmaterial (en la mente) y luego lo material». Por esa razón es tan importante saber qué información estás consumiendo, ya que eso determinará en gran parte tus pensamientos.
- **Ley de la vibración:** «Obtengo aquello en lo que más pienso, tanto si lo deseo como si no lo deseo». Es decir, cuanto más pienso en algo, más posible es que se produzca.
- **Ley de la causa y el efecto:** «Toda causa tiene su efecto, todo efecto tiene su causa». Cuando obtenemos un resultado, viene de alguna causa que lo ha provocado. Si preparas bien un examen durante muchos días de trabajo (causa), hay más posibilidades de que ese examen sea exitoso (efecto).
- **Ley del equilibrio:** «La abundancia es dar con generosidad y ser excelente a la hora de recibir». Tras correr, el

perro tiene que descansar para recuperarse. Cuando estresamos los músculos en el gimnasio, crecen. Céntrate en dar sin esperar nada a cambio. Cuando menos te lo esperes, lo recibirás de vuelta.

- **Ley del orden:** «El orden de la vida es ser, hacer, tener». Este principio sugiere que primero debemos centrarnos en nuestro desarrollo y crecimiento personal (ser), luego en nuestras acciones y esfuerzos (hacer), y finalmente en los resultados y recompensas de esas acciones (tener).
- **Ley de la acción:** «Tal como hago una cosa, así lo hago todo». Esta ley enfatiza la consistencia y la integridad en nuestras acciones. Sugiere que si adoptamos una actitud de excelencia, responsabilidad y compromiso en una área, es probable que esas mismas cualidades se reflejen en otras áreas de nuestra vida. Del mismo modo, si somos descuidados o desinteresados en una tarea, esa actitud puede permear otras actividades y responsabilidades.
- **Ley de la expresión de los dones:** «Poner tu don al servicio de los demás es causa de abundancia». Como se ha visto en la ley del equilibrio, debemos ser generosos si deseamos que el mundo nos aporte generosidad. Si compartimos aquello que hacemos bien, contribuiremos a un buen funcionamiento social.
- **Ley del desapego:** «Me vinculo con la acción y me desvinculo del resultado de la acción». Al contrario de lo que puede parecer en esta lista, no debemos hacer una acción pensando en el resultado. Es cierto que si somos generosos encontraremos generosidad en los que nos

rodean, pero nuestra atención no debe estar en el recibir, sino en el dar.

Cuando aplicas estas leyes en tu día a día, entiendes que es una cuestión de perspectiva. El éxito no depende de una decisión importante, sino de cien detalles pequeños que acaban influyendo en gran medida en nuestra vida.

La razón por la que hemos puesto el capítulo del emprendimiento y el dinero al final es porque es totalmente imprescindible crear las bases anteriores para empezar el emprendimiento.

Y, tal vez, antes de que comiences tu proceso, puede que acabes esta parte del libro y decidas no emprender. Queremos decirte una cosa: no pasa nada. Nos encontramos en un punto en el que parece que, si no emprendes, eres un fracasado. Nosotros dos amamos el emprendimiento, pero entendemos que no todas las personas quieren lo mismo en esta vida.

Y eso es lo que tienes que hacer: crea tu propio éxito. Es lo que más feliz te hará, en vez de perseguir el «éxito» de las redes sociales, que parece que es lo único válido.

Hemos visto a un montón de personas que solo se centran en emprender y su proyecto no está alineado para nada con su objetivo de vida. ¿Cuál es el resultado? Una sensación de vacío. Debes crear un emprendimiento que acompañe tus objetivos de vida. Y muchas veces tus objetivos de vida no van con el emprendimiento.

Pero, ¡ojo, un aviso! Empezar a emprender es algo muy difícil, nunca te diremos lo contrario, pero sabemos que no es imposible conseguir tus objetivos. Sobre todo no debes ponerte excusas, tipo «Es que yo…». Antes de que entres en el capítulo de emprendimiento de tu vida, olvida las excusas. Ningún emprendedor se pone excusas cuando quiere conseguir algo.

Yaiza Canosa, una de las invitadas más especiales que hemos tenido en *Tengo un Plan*, vendió su primera empresa con dieciséis años. Cuando le preguntamos cómo montó una empresa sin dinero y a esa edad, respondió esto:

> Yo solo sabía hacer una cosa: PowerPoints. Me encargué únicamente de enviar mi PowerPoint con la idea a un montón de empresas hasta que una decidió embarcarse conmigo y salió bien.

Esta historia de Yaiza muestra perfectamente la actitud que debe tener un emprendedor nato. Ella podía planteárselo de dos maneras:

- «Tengo una idea muy buena pero ES QUE no tengo dinero».
- «Tengo una idea muy buena, voy a ver cómo puedo financiarla».

Si entiendes esta historia y la mentalidad que necesitas para empezar este camino, puedes seguir leyendo.

Principio 26

El emprendedor tiene la misma cara que su emprendimiento

Muchas personas piensan que *Tengo un Plan* fue nuestro primer proyecto, pero antes estuvimos mucho tiempo probando miles de ideas que se nos pasaban por la cabeza.

Cuando estábamos preparando la selectividad, nuestras ganas de querer buscar una alternativa hicieron que entre descansos montáramos nuestro primer negocio digital: un *e-commerce* de relojes digitales, pero no lo llegamos a lanzar ya que vimos que había mil marcas con la misma propuesta de negocio.

Sin embargo, de ese proyecto, en el que perdimos alrededor de 300 € y varios días de preparación de la selectividad, aprendimos:

- A crear una web.
- A crear nuestros primeros diseños de *branding*.

(Por cierto, aprobamos la selectividad. No entramos en Medicina, pero conseguimos entrar en las carreras que queríamos).

Un año después montamos una marca de cosmética natural. En nuestra cabeza sonaba espectacular. Pensábamos que teníamos el proyecto millonario entre manos… En nuestro primer año conseguimos facturar más de 36.000 € y estábamos muy contentos, pero había un problema: no era el producto y nosotros no éramos el público ideal, por lo que nos costó muchísimo hacerle la competencia al resto de las marcas del sector. En esas marcas, sus fundadoras (principalmente chicas) mostraban el producto y conseguían aportar mayor confianza que nosotros, y, por lo tanto, vendían más.

Si te fijas en tu alrededor, cada vez nos estamos acostumbrando más a ver que las marcas las enseñen sus fundadores. Los clientes ya no queremos comprar a grandes compañías, sino que queremos conocer a la persona que hay detrás para enamorarnos de la marca. Con eso consigues ganar más confianza.

Confianza = Venta

Tras varios años con este emprendimiento, decidimos dejarlo.

Con el pódcast es todo lo contrario: el emprendimiento tiene nuestra cara, y eso ha sido un gran éxito en el proyecto. No porque seamos guapos, que no lo somos, sino porque el proyecto es algo que nos apasiona de verdad y el público es como nosotros. La mayoría de las personas que nos paran por la calle podrían ser nuestros amigos, y eso es una buena señal. Siempre que puedas, intenta elegir un emprendimiento que sea como tú. Eso hará que sea más sostenible para ti.

En todos los emprendimientos hay momentos malos, y no es lo mismo afrontar un problema en un proyecto que te gusta que en uno con el que no te sientes nada identificado.

No pienses nunca en los mejores momentos, sino en cuando haya problemas. ¿Te apetece seguir haciendo eso aunque no ganes dinero y nada salga bien? Si la respuesta es que sí, pruébalo.

Principio 27

Tu primer emprendimiento es para ~~ganar dinero~~ aprender

La mayoría de los emprendedores tenemos en la cabeza la idea de que con nuestro primer proyecto nos vamos a convertir en Jeff Bezos.

La ilusión es lo último que se pierde, eso es verdad…

Luis Monge, en su entrevista en *Tengo un Plan*, nos dijo: «El primer emprendimiento o trabajo tiene que ser para aprender mucho».

SERGIO: Juan, esta frase creo que resuena bastante contigo, ¿no?

JUAN: No te puedes imaginar cuánto… Cuando empecé a montar mi primer negocio online, no te voy a engañar, pensaba que me iba a hacer millonario en tres meses. Eso es lo que parecía en las redes sociales, ¿no? Bueno, pues para nada fue así. Un chico sin experiencia, y menos en negocios de internet, empieza comiéndose una decepción tras otra. Durante más de tres años, no gané más de 200 €

de media al mes. Durante esos tres años en que nada salía bien (económicamente), pensaba que lo que estaba haciendo no tenía ningún tipo de sentido, y cada año probaba algo nuevo: montar tiendas de Amazon, crear marcas de *e-commerce*, dar servicios a terceros... En cambio, lo que más dinero me dio durante esa época fue ir a descargar camiones, trabajar de jardinero y repartir pizzas. Sin embargo, ahora te puedo decir que fueron los tres años en los que más aprendí, solo que no gestioné bien mis expectativas. Esta vez, con el pódcast, he podido aplicar todo lo que aprendí durante mis etapas de «fracasado»: saber vender, montar tiendas online, gestionar publicidad, hacer marketing de correo electrónico...

SERGIO: Qué buena reflexión, Juan. La gente empieza a emprender y solo mide su nivel de éxito según si ha conseguido ser millonario o no, pero no somos conscientes del montón de habilidades y experiencia que vamos acumulando para el resto de los proyectos.

JUAN: Totalmente, es muy fácil de decir y muy difícil de hacer. Yo ahora veo el sentido y entiendo que me ha ayudado a multiplicar mis negocios, pero en aquel momento pensaba que lo que estaba haciendo no servía para nada.

Todo es culpa de las expectativas con las que emprendemos. Realmente, todos los emprendimientos y trabajos que hacemos al principio tendríamos que tomárnoslos como oportunidades perfectas para aprender. Eso hará que en un futuro, en el momento correcto y con las habilidades necesarias, podamos monetizar nuestra experiencia pasada, pero las historias de un primer emprendimiento exitoso se cuentan con los dedos de una mano.

Así que, por favor, cuando veas que tu primer emprendimiento no funciona, no pienses que eres un fracasado. Quizá es que te creíste la película de las redes sociales. Te toca seguir intentándolo, aprovechando lo que estás aprendiendo cada día. Sí, suena muy fácil decirlo, pero quita el foco del resultado y céntrate en lo que estás haciendo cada día para aprender algo nuevo y ser más valioso.

Principio 28

Las cinco fases del emprendedor que debes conocer

Cuando hablamos con Sergio Fernández, tratamos dos temas:

- Cómo afrontar la vida dependiendo de la edad que tengas (si estás en los veinte, los treinta, etc.).
- Las cinco etapas que tiene un emprendedor y cómo progresa en ellas.

Veamos las cinco fases que tiene cualquier emprendedor. Entenderlas te ayudará a saber en qué fase estás, cuál es el comportamiento típico de esa fase, los pros y los contras, y cómo ascender a la siguiente fase.

Fase 1: Huérfano

Se produce cuando tienes «el despertar», cuando te percatas de que tus padres no son perfectos o dejas de estar de acuerdo con tus grupos de amistades. Sueles sentir una sensación de desilusión y desamparo.

Te das cuenta de que tu forma de pensar de antes ya no está nada acorde con tu forma de pensar actual. Eso te hace buscar fuera nuevas ideas y modelos mentales que te permitan afrontar mejor esta etapa de tu vida.

A menudo, aquí aparece la figura del mentor, que nos anima a reconocer otras posibilidades y escenarios. Lo podemos encontrar en un jefe, un maestro o, incluso, en nuevos paradigmas para afrontar la vida.

Fase 2: Vagabundo

Es la etapa en la que partes solo, sin rumbo definido. Ya sabes que no quieres la vida que tenías antes, pero tampoco tienes del todo claro si el camino en el que te vas a meter es el indicado. No tienes círculo social acorde con tu nueva forma de pensar y te toca ser tu mejor amigo y confiar en tus posibilidades.

Este punto es crucial para seguir remando, aunque pienses en rendirte. Siempre hay tiempo para tener una vida cualquiera, pero recuerda que solo pasamos por aquí una vez y que es importante saber realmente qué quieres en la vida.

Lo que mola de esta etapa es que eres responsable. Lo que antes veías como problemas o mala suerte, ahora son oportunidades de crecimiento y mejora.

Fase 3: Mártir

En la etapa de trabajo y construcción, en ocasiones podemos caer en la posición del mártir, donde necesitamos hacer ver a los demás lo mucho que nos esforzamos y trabajamos.

En este momento, tu trabajo es fundamental, ya que todo depende de ti. En cierta manera, remangarse y trabajar diez horas al día es importante en esta etapa. Desarrolla en ti la constancia, la disciplina y una ética de trabajo que te vendrá bien en el futuro.

Como empresario, a veces no es bueno contratar a mártires, porque siempre te recordarán lo mucho que trabajan y se esfuerzan, mientras que el guerrero, que veremos ahora, trabajará igual sin cuestionar nada.

Fase 4: Guerrero

El guerrero es el que construye una red de valores inquebrantables por los que luchar. La actitud de guerrero debe permanecer siempre contigo, porque lo pondrán a prueba con «dinero fácil» o «menos esfuerzo», pero eso va en contra de tus valores.

El guerrero sale con su espada a luchar por lo que él considera correcto. No le importa tener una opinión contraria al resto del grupo; él ha reflexionado por qué hace lo que hace y no necesita bailarle el agua a nadie.

Es importante tener guerreros en el equipo. Defenderán tu empresa a capa y espada, y siempre estarán alineados con tu visión del proyecto a largo plazo.

Fase 5: Mago

Hay un punto de crecimiento en el que has conseguido recolectar recursos económicos, contactos importantes del sector, proveedores, etc. En este momento, tu valor no está en las horas de trabajo, sino en hacer que pasen cosas. Eres un mago con una varita mágica y haces que sucedan las cosas.

Aunque hayas llegado a la posición de mago, es importante haber pasado por el resto de las etapas: haber sufrido como un mártir diez o doce horas al día porque el proyecto lo necesita, haber defendido tus valores por todo lo alto como el guerrero...

En esta fase debes tener mucho cariño en tus relaciones personales. Tu equipo es el que se encargará de hacer magia en el mercado, por lo que tienes que ser un gran líder que inspire a sacar la mejor versión de toda la gente que tienes alrededor.

Cuando conoces estas cinco fases, descubres que muchas veces estás quejándote más de la cuenta (mártir) o que deberías delegar un poco más y no siempre hacer la guerra tú solo (guerrero). Delegarás en el momento en que la vida te lo ponga delante; si no lo ves fácil es porque aún no estás en el punto, aún te falta desarrollo del proyecto.

Cuando empezamos a contratar a gente, sentimos que era el momento.

JUAN: Sergio, te quiero hacer una pregunta. ¿Cuándo te diste cuenta de que era el momento adecuado para contratar a tu madre?

SERGIO: Hubo una etapa en la que quería contratar a mi madre para darle más libertad y que no estuviera tan estresada en su trabajo, pero me costaba dar el salto. Suponía un gran esfuerzo para mí entonces, así que mi forma de contribuir era comprando la comida de casa y pagando comidas y cenas fuera. Cuando fue el momento correcto, lo supe, lo vi claro. Sabía que era la decisión que debía tomar y que habría abundancia en el proyecto para todos. Fue una de las decisiones más bonitas de mi vida. Ahora mi madre tiene un rol importantísimo en la empresa: nos ayuda a organizar eventos, tramitar contratos y acuerdos, llevar la contabilidad, pagar salarios… Es una auténtica guerrera que lucha por el bien del proyecto.

Principio 29

La mayor crisis del siglo XXI

Después de hablar con muchos expertos de emprendimiento y productividad, hemos llegado a la misma conclusión: la mayor crisis ahora mismo es la de la atención.

El éxito depende de muchos factores, pero precisamente en estos momentos una variable muy determinante es cuánto tiempo consigues estar concentrado trabajando. No se trata de que sean doce horas al día. Lo importante es saber cuántas eres capaz de estar concentrado. Seguramente, a la mayoría de las personas que estáis leyendo este libro os han interrumpido con el móvil varias veces durante la lectura.

Hay una estadística que asusta mucho, sobre todo a empresarios con grandes plantillas: de media, la gente que trabaja ocho horas al día únicamente es productiva dos horas, el resto son interrupciones.

¿Qué podemos hacer para mantener la concentración y ser productivos?

Podríamos recomendarte miles de aplicaciones, pero hemos visto que todo acaba siendo lo mismo. Primero, si queremos tener momentos de concentración, debes analizar cuándo hay menos ruido y estás más concentrado para poder trabajar. Hay gente que prefiere las cinco de la madrugada y otras personas prefieren las once de la noche. Lo importante es que sea el momento correcto y que le des al botón de modo avión en tus dispositivos. No hace falta que tengas la mejor app de pago para bloquear Instagram; lo que hace falta es que tengas fuerza de voluntad para darle a ese botón y dejar el móvil lejos.

Con forzarte a hacer esto media hora, avanzarás el doble de rápido. Y cuando veas lo que eres capaz de avanzar en media hora, te darás cuenta de lo mal que lo solemos hacer.

¿Y la mejor app de productividad? Aquí entramos en un tema muy controvertido, ya que nos pasamos miles de horas viendo vídeos titulados «Guía definitiva para ser productivo en 2024» o cosas así. Estos vídeos están bien para pensar que después serás productivo, pero lo importante no es la app que utiliza la gente. Eso da igual, hay gente que con una libreta de propaganda se organiza más bien que con la mejor aplicación de productividad de pago.

Tienes que crear tu propio sistema. Los gurús de productividad no tienen tu vida; de hecho, seguramente, su trabajo sea hacer esos vídeos. Cada uno tenemos una situación distinta, por lo que necesitas implementar un sistema propio que vayas probando y se adapte a ti.

Ni siquiera nosotros podemos determinar tu sistema, porque cada uno tenemos una vida diferente. Tal vez tú seas padre, o deportista de alto rendimiento, o estudiante, o autónomo...

Lo que sí que podemos compartir contigo es un sistema simple que nos han funcionado a nosotros: crear nuestras rocas.

Las rocas son las cosas más importantes que te harán avanzar en tu proyecto y determinarán tu mes, semana y día. Nunca jamás te sientes delante del ordenador sin saber cuál es la roca de ese día. Si no, volverás a caer en el infinito y perderás otra vez el día. No hace falta tener la app más desarrollada del mundo; una servilleta y un boli son suficientes para escribir tus rocas.

Haz este ejercicio: crea tus rocas mensuales, semanales y las de mañana. Está demostrado que organizar el día próximo mejora la calidad del sueño, ya que sientes que tu vida está en control.

A menudo llenamos el día con demasiadas rocas. Queremos arreglar el mundo en dos días... Por eso es buena idea ponerlas en el calendario, y añade también los descansos, el transporte, etc. Así podrás ser consciente de qué eres capaz realmente.

Nota: el ocio también debes programarlo. Es igual de importante que los momentos de trabajo.

Recuerda que el ser humano sobrevalora lo que puede hacer a corto plazo e infravalora lo que puede hacer a largo plazo.

Aquí el objetivo es avanzar en nuestros próximos años.

Principio 30

El millonario más aburrido del mundo

Lo que ahora vamos a contarte seguramente no tenga ningún sentido, pero es igual de importante que ser productivo. Y, de verdad, cuando te lo expliquemos te va a explotar la cabeza, pero no te preocupes, no es culpa tuya; es culpa de la sociedad en la que nos hemos metido.

Debes guardarte momentos para no hacer nada.

Ya os hemos hablado del Mago More. Es una de las personas más productivas, además de creativas, que hemos conocido en el pódcast. Sus famosos *sketches* con José Mota demuestran el alto nivel de creatividad de ambos.

En su pódcast nos recalcó la importancia de guardarse un tiempo en el calendario para NO HACER NADA. No es casualidad que las mejores ideas que has tenido últimamente hayan sido antes de dormirte, ya en la cama, duchándote o conduciendo. Son tres momentos en los que no tenemos ninguna distracción y nos ponemos a pensar en nada.

Cuando parece que no hay nada que hacer, nos vienen las mejores ideas.

OCTUBRE DE 2024

L	M	MI	J	V	S	D
	1	2	3	4	5	6
7	8	9	10	11	12	13
14	15	16	17	18	19	20
21	No hacer nada 22	23	24	25	26	26
28	29	30	31			

¿Qué pasaría si provocáramos estos momentos? Nuestras nuevas ideas se dispararían.

No es más productivo un paseo en el que aprovechas para hacer una reunión por teléfono que un paseo donde no haces nada. Prueba a salir a pasear con los bolsillos vacíos y verás cómo te vienen nuevas ideas.

Después de hablar con muchos expertos de emprendimiento y productividad, hemos llegado a la misma conclusión. Como ya hemos dicho, cada uno de nosotros hemos venido a la vida a hacer algo. Si pudieras hablar con una ardilla, podrías preguntarle qué ha venido a hacer en la vida, y ella te diría con cara rara: «Pues a hacer cosas de ardilla, como trepar árboles, comer bellotas y proteger a mi grupo». Pues con el ser humano sucede lo mismo, el problema es que muchas veces pensamos en exceso sobre esta cuestión y eso nos lleva a la inacción. El ser humano ha venido a amar y a ser útil a los demás. Eso es el núcleo de todo.

Así pues, no empieces la casa por el tejado.

Cuando el emprendedor Euge Oller estaba en sus inicios, cometía un error que para él era muy común: dar por hecho que las personas tienen ya una necesidad y un problema y que por eso tu empresa va a funcionar, cuando la realidad es que todavía no lo has comprobado. Él quiso montar una empresa que conectara eventos y artistas con espacios, «como un Uber o un Airbnb», y su error fue que se puso a montar la plataforma y metió la inversión sin haber validado primero la idea ni si existía o no esa demanda.

Cuando fueron a los locales a enseñarles la aplicación, se dieron cuenta del problema. Les decían: «¿En serio piensas que en el centro de Barcelona mi problema es de clientela? Mi problema es que mis camareros me roban, que los turnos a veces no se cumplen... No necesito más gente, y los que necesitan más gente no tienen pasta para invertir en captar clientes».

Ten muchas conversaciones con el cliente ideal o potencial. Hasta que no esté claro como el agua, no se debe hacer nada. Estas conversaciones son muy importantes porque son una forma de *teaching customers*; es decir, aunque no vendas nada, sirven para enseñar a los empresarios qué ofreces.

Si no sabes por dónde empezar, es buena opción optar por Amazon FBA, *e-commerce*, *dropshipping*... Son ineficiencias del mercado que tú cubres y te dan dinero temporalmente, pero no es la vía del largo plazo. Los modelos de negocio son una extensión del emprendedor, de sus dones y habilidades, así que asegúrate de elegir algo que multiplique tus habilidades y pon el foco en adquirirlas.

Euge Oller nos contó que uno de sus modelos favoritos es el marketing de contenidos. Por ejemplo, puedes hacer un vídeo que a ti te salga gratis de producir y que llegue a 10.000 personas ideales. También comentó otras oportunidades interesantes:

- *Newsletters*: pueden ser una gran oportunidad, ya están explotándose en Estados Unidos.
- Método No-code: consiste en crear un Micro-Saas usando varias API de terceros para solucionar microproblemas.
- Crear contenido con inteligencia artificial haciendo *prompt engineering*.

Por otro lado, también puede resultar muy útil modelar a tus referentes. Si te gusta Rafa Nadal, por ejemplo, no deberías querer modelar solo su éxito. Céntrate también en hacer sus horas de trabajo.

¿Hacemos un trato? No empieces a quejarte hasta que no lleves las mismas horas de trabajo que tus referentes.

Principio 31

Aprendes a ser empresario cuando te arruinas

Esta frase está sacada de la conversación que tuvimos con José Elías en el pódcast que hicimos con él. José siempre nos ha repetido, una y otra vez, que aprendes a ser empresario cuando te arruinas, y que es en tus peores situaciones donde sacas tu mejor versión y aprendes a mejorar.

Romuald Fons quiso ser cantante de rock. Iba muy perdido, hasta que fue padre. En ese momento quiso trabajar en algo que le sirviera de ejemplo a su hijo y que le diera libertad. De ahí nació la ambición de hacerle la competencia a Facebook y a eBay, pero se arruinó y no pudo pagarle una vacuna a su hijo, y eso fue como si le hubiesen dado una hostia con la mano abierta. Y es que eran sus decisiones las que habían puesto a su familia en esa situación, así que la solución pasaba por tomar mejores decisiones, y lo más importante era ver cómo podía meter dinero a casa. Y así creó su exitoso negocio de SEO, que ya hemos visto antes.

En el pódcast con Romuald le preguntamos: «¿Cómo empezarías a ganar dinero?», a lo que él respondió:

> Lo primero es que te paguen por tu tiempo. Después, cuando acabes tu jornada laboral de ocho horas para otro, empiezas tu propia jornada de ocho horas. ¿Es cómodo? No, pero es lo que toca.

SERGIO: Juan ¿tú cómo sufriste esto? ¿Viviste alguna etapa de tener que compaginar varias cosas a la vez? ¿Qué aprendiste?

JUAN: Te diría que casi toda mi vida he ido compaginando el colegio y el instituto con ir a trabajar o emprender, y creo que es lo que debería hacer cualquier persona que quiera cambiar su situación. Está muy bien la historia de los emprendedores que se hacen millonarios, pero a mí me gusta ser realista y planificar cada situación lo mejor posible. Por eso veo indispensable que, antes de tirarnos a la piscina, hagamos todo lo posible para que haya un poco de agua. ¿Tú cómo lo hiciste, Sergio?

SERGIO: Yo tenía que compaginar mi vida estudiantil con sacar adelante mi proyecto. Tenía claro que nadie iba a regalarme nada en mi vida y trabajé duro por conseguir mis objetivos. Además, me hacía sentir contento, porque era un lugar donde podía compartir las fases de mi emprendimiento y ver cómo progresaba en cada una de las áreas. Lo más duro era no tener ningún tipo de resultados, aunque le echara horas extra, durmiera menos, trabajase la fuerza de voluntad y currara a pesar del cansancio. Eso me hacía pensar en tirar la toalla, pero había algo dentro de mí que me decía: «Si te rindes, ¿qué harás? Seguirás teniendo ese tiempo libre. Debes aprovecharlo. Así que no te rindas y sigue intentándolo, por mucho que tengas que esperar diez años».

Una cosa es tener un trabajo nutricional, entendiéndolo como un trabajo que te paga la alimentación y tus gastos del día a día, y otra muy distinta es tener un trabajo pasional, que no tiene que ser en una LS, sino que quiere decir que es un trabajo que te hace sentir útil, conectado, en progreso e ilusionado de despertarte un lunes por la mañana.

Euge Oller contaba que la gente no está acostumbrada a fracasar y equivocarse, pero un emprendedor fracasa con pequeñas decisiones cada semana y es normal, no pasa nada. Es algo que un emprendedor debe tener en cuenta. Él mismo repitió un curso en el colegio. Sin embargo, siguió intentándolo, y eso no le impidió cursar un máster que se hacía en Barcelona, Taipéi y San Francisco. Ahí se motivó mucho y dio comienzo a su viaje de aprendizaje en el emprendimiento y empezó a leer muchos libros, pero volvió a Barcelona y tuvo una época en la que todo lo que tocaba fracasaba.

¿Cuál fue su principal error? Poner demasiado foco en crear cosas innovadoras y bonitas que le hacían ilusión en vez de ir rápidamente a solucionar una necesidad y resolver un problema real de la gente.

Cuando le preguntamos qué consejo le daría al Euge de veintitrés años, él dijo: «Que tuviera más paciencia, que pensara más a largo plazo».

Principio 32

Vender hasta sin querer vender

Isra Bravo nos decía que la habilidad más importante que debería tener una persona cuando monta un negocio, sea el que sea, es saber vender. Muchas veces, esto está por encima de tu habilidad de saber hacer bien tu producto. Cuando aprendes de ventas, todo es más fácil. Estos son los tres pilares fundamentales que plantea Isra en una venta:

- **No mostrar necesidad:** una persona que muestra necesidad tanto en lo profesional como en lo personal no es atractiva.
- **No buscar la validación de los demás:** es decir, saber lo insignificante que eres dentro del mundo y conseguir no tener miedo de lo que vayan a opinar de ti.
- **Saber crear tensión como buen vendedor:** crear tensión con las objeciones de tus clientes.

El experto en ventas Luis Monge Malo nos explicó un *framework* que él utiliza para vender hasta sin querer vender: el método AIDA (atención, interés, deseo y acción). Lo creó

Elias St. Elmo Lewis, un pionero en el campo de la publicidad y las ventas, en la década de 1890. Te proponemos un ejercicio para que puedas autoevaluar tu negocio.

- **Atención:** la atención es la manera que tienes de captar nuevos clientes. Escribe en todos los canales que estás usando actualmente para llamar la atención de tus clientes nuevos o actuales (marketing de correo electrónico, anuncios online, anuncios de televisión, Instagram, TikTok...). Por último, evalúa del uno al diez la efectividad de esos canales después de haberlos probado durante un tiempo y con un presupuesto parecido.
- **Interés:** se trata de mantener y aumentar el interés del público al que ya hemos llamado la atención. Primero de todo, necesitas conocer al detalle a tus clientes. ¿Qué les interesa? ¿Cuáles son sus deseos y problemas? Las personas compran siempre de manera emocional, y normalmente es para alejarnos del miedo o para acercarnos a un deseo. Cuando conozcamos al detalle a nuestro «avatar», tenemos que analizar cómo estamos creando interés para esa persona (blog, vídeos de YouTube, *reels*, vídeos de TikTok...). Evalúa qué contenido está funcionando mejor con tu audiencia.
- **Deseo:** el objetivo aquí es crear deseo hacia tu producto. Primero debes crear una lista de características para convertirlas en beneficios de cara a tus clientes potenciales. ¿Cómo los ayudas, mediante tu producto, a resolver los

problemas que tienen? Una vez lo tengas claro, es ideal que compartas reseñas, testimonios y estudios sobre tu producto para que la gente interesada pueda conocerlo y desearlo.

- **Acción:** hay que motivar al cliente a hacer una acción determinada. En esta fase, lo importante es que tu llamada a la acción (*call to action* o CTA) sea clara y que tu cliente la vea bien. Muchas veces hacemos todo el trabajo anterior muy bien y, en cambio, cuando llega este momento, el miedo nos impide continuar en condiciones. Puedes probar diferentes llamadas a la acción para testear cuál es más efectiva, por ejemplo, mostrando escasez y urgencia. Vuelve a enumerar y evaluar tus llamadas a la acción.

Principio 33

Vender es ~~estafar~~ ayudar

Hemos conocido a gente con 1.000 seguidores que gana 1.000.000 €, y también a gente con 1.000.000 de seguidores que ganan 1.000 €. Seguramente te sorprenderá, pero es una realidad. Muchísima gente no está ganando el dinero que quiere solo porque no tiene buena relación con la venta.

¿Relación con la venta? Sí, hay muchísima gente que piensa que cuando le ofreces un producto/servicio a alguien le estás estafando. Ojo, con esto no decimos que no existan las estafas, pero lo importante es confiar en tu producto porque sabes que tiene efectividad.

JUAN: Sergio, ¿te acuerdas de cuando hiciste tu primera venta?

SERGIO: Como si fuera ahora mismo, Juan. Se me ponen los pelos de punta solo de pensarlo. Era verano de 2022 y, después de llevar mucho tiempo ofreciendo mentorías personales de redes sociales, di el salto a vender una comunidad de marca personal. La primera persona con la que tuve una llamada pensaba que le estaba estafando por cobrarle por mis servicios... ¡Madre mía, qué adrenalina!

JUAN: Cuando hiciste esa venta, estaba a tu lado, ¿te acuerdas? Solo con ver los nervios que pasaste, te propuse ser *closer* de ventas para ti. Estaba alucinando.

SERGIO: Es verdad, tío. La semana siguiente yo me iba a México a hacer el reto del céntimo y te dejé a ti a cargo de la gente que quería entrar en la nueva comunidad. ¿Cómo viviste esas primeras llamadas?

JUAN: Siempre que alguien me pregunta cómo emprender, yo le recomiendo empezar haciendo llamadas de venta. No por el hecho de ganar dinero, sino porque es la manera más rápida de perderle el miedo a ofrecer tu producto. Empiezas a recibir un montón de rechazos, así que tienes que ser fuerte mentalmente. Y, sobre todo, aprendes a escuchar al cliente.

Si vender es ayudar, ¿cómo se puede encontrar la forma de hacer un producto o servicio que ayude de verdad a nuestros clientes?

Vamos a ver algunos pasos que nos han servido y que te permitirán asegurarte de que estás creando algo que ayuda de verdad:

- **Piensa en tu yo de hace unos cuantos años.** Muchas veces, lo que vendemos es lo que nos hubiera gustado tener a nosotros hace un tiempo. Llevar a cabo este ejercicio te ayudará a hacer un producto adaptado al cliente. De hecho, este libro lo hemos escrito así, pensando en el Sergio y el Juan de hace años y redactando lo que los hubiera ayudado más cuando se cuestionaban todas estas cosas.
- **Límpiate bien los oídos.** Las mejores pistas nos las dan nuestros clientes: una llamada de ventas es la forma perfecta para entender al detalle qué es lo que necesita el cliente en el producto.
- **Lanza una prueba piloto.** Creemos que esta es la parte más importante para crear un producto que merezca la pena. Cuanto antes lances tu producto, antes podrás empezar a optimizarlo para que cada vez sea mejor. Nunca tengas miedo de vender algo, aunque no sea el producto «perfecto». La perfección no existe, así que lanza de una vez lo que tienes en la cabeza.

Principio 34

Hazle sentir a tu cliente

La mayoría de los que se denominan «expertos en marketing» son malos porque son descriptivos y no conectan con la persona a la que están hablando.

Tienes que hacer sentir. No describas; haz sentir los beneficios de tu producto.

Debes entender los problemas de tu público objetivo y lo que quiere, y entonces enfocarle las soluciones. Es más, muchas veces mejorarás considerablemente las ventas si te centras solo en la solución de un pequeño problema que van a solucionar con una parte de tu producto, en lugar de describir todas las características del artículo. La gente compra por lo que necesita y desea, no por todo el valor que tiene el producto.

Una chica que quiere ser *influencer* no quiere que le digas cuándo tiene que publicar sus vídeos, sino que necesita que le digas el estilo de vida que tienes y el dinero que ganas. Dale lo que quiere y entrégale lo que necesita.

Es muy importante diferenciar el producto de la venta. De hecho, en marketing siempre se diferencian los beneficios de las características. Si lo piensas, el producto o servicio que tú estás vendiendo tiene una serie de características y beneficios, pero lo que hace comprar a una persona no son las características, sino los beneficios y la transformación que experimentará cuando lo compren.

No obstante, también es importante describir qué ofrece el producto para así explicar a esa persona todo lo que obtendrá y terminar de convencerla de forma racional.

Para que se produzca una compra, tienen que darse tres escenarios:

- Que los clientes confíen en ti. La confianza es clave, porque conlleva el reconocimiento de saber que los ayudarás.
- Que los clientes confíen en sí mismos. Si no, por mucho que confíen en ti como autoridad para vender ese producto, no sentirán que lo aprovecharán, con lo cual no lo verán como una buena compra.
- Que los clientes confíen en ese producto como la solución correcta para su problema.

Principio 35

El agua fría y el agua caliente de la ducha

Cuando encendemos la ducha, queremos que el agua salga caliente, pero primero siempre sale fría. Lo mismo sucede en la vida: al principio el agua es fría, pero, si aguantas el tiempo suficiente, acabará volviéndose caliente, y eso serán los resultados.

Cuando hablamos de cuál es la mejor forma de hacer marketing para un negocio, muchos invitados nos responden cosas similares.

El marketing que solo depende de anuncios de pago no tiene recorrido a largo plazo. Romuald Fons nos ponía el ejemplo del SEM (posicionarte pagando por las palabras clave que tú indiques en motores de búsqueda) y nos decía que, si solo dependes de tráfico de pago, las marcas más grandes con más presupuesto podrían apartarte, ya que son capaces de soportar costes de adquisición más altos. De hecho, el consultor Oscar Subirana contaba la curiosidad de que ahora hay bastantes empresas que ya no compran tráfico en Black Friday porque ni siquiera les sale rentable.

Siempre preguntamos cómo se puede crear un negocio exitoso a largo plazo, en diez años, porque lo más común estos días es tener un pelotazo que luego se muere en apenas un par de años. Y es que la mayoría de las personas no actúan siguiendo un pensamiento largoplacista. Queremos resultados en poco tiempo, y muchas veces estamos quemando la oportunidad de generar unas bases sólidas de un negocio a largo plazo.

JUAN: ¿Crees que, en nuestro emprendimiento, alguna vez pensamos en décadas? Cuando estuvimos a punto de empezar el pódcast, te decía: «Sergio, hay que cuidar mucho la reputación. Aunque nos haga perder oportunidades de dinero ahora, este proyecto veo que lo podríamos mantener cuando seamos mayores».

SERGIO: Yo igual, tío. Mantener un trabajo en el que aprendes con gente interesante cada semana, menudo regalo… Y, pensando en mi recorrido, recuerdo un día de agosto de 2018. Estaba en la piscina de un amigo de mi barrio y me preguntaba: «Sergio, ¿qué planes tienes con tu canal de YouTube? ¿Vas a seguir?». En ese momento llevaba subidos como treinta y cinco vídeos. No había fallado ni una semana y me esforzaba muchísimo por hacerlo bien. Tenía 800 suscriptores y mis vídeos apenas superaban el centenar de reproducciones.

Y le respondí: «No tengo nada mejor que hacer con mi tiempo libre en los próximos seis años. Me queda año y medio de bachillerato y luego cuatro de carrera universitaria. Incluso si después sigo mientras trabajo, podré tener dos horas libres cada día para luchar. No sé qué pasará, pero no tengo prisa. Tengo mentalidad a largo plazo con esto». Al decirlo, me recorrió toda la piel un escalofrío. Sentía en cada célula de mi cuerpo que estaba conectado con mi futuro, que confiaba en mí. Que, si era capaz de superar esa etapa, nada iba a pararme. Y así fue. Subí treinta vídeos más sin resultados y acabé el año con 1.200 suscriptores. A ese ritmo, nunca conseguiría ser una marca personal reconocida en el sector, pero decidí seguir. Apenas tres semanas después, subí un vídeo llamado «¿CÓMO ESTOY SACANDO 2º BACHILLERATO "SIN ESTUDIAR"?». En siete días, consiguió 100.000 reproducciones. Cada día, cada recreo en el colegio, hablaba con mis amigos con los ojos iluminados sin creerme lo que estaba ocurriendo. En dos semanas, el vídeo consiguió 300.000 visitas.

Ese vídeo me dio cero euros; de hecho, tenía *copyright* y no pude monetizarlo, pero sabía que «lo había conseguido». Ese vídeo era todo lo que necesitaba para no parar. Me había demostrado a mí mismo que había sido capaz de hacerlo una vez. Seguro que podría repetirlo. Y lo bueno de todo es que me pilló con la mochila preparada. Sabía editar y hacer mejores vídeos, ya no tenía vergüenza de hablarle a la cámara, tenía el hábito y la disciplina de subir un vídeo cada semana y, encima, había entendido el porqué del éxito del vídeo: la gente quería un referente motivador que los acompañara en bachillerato. El resto del curso, hasta junio, subí solo vídeos de cómo estudiaba, cómo me preparaba, cómo era mi rutina... El número de suscriptores crecía como no había hecho nunca y ningún vídeo bajaba de las 40.000 reproducciones.

Ni el dinero ni el tiempo son una excusa. Lo que seas o hagas no es una excusa. Si realmente lo quieres, ya tienes todo lo que necesitas para conseguirlo.

En ese momento no lo entendía, pero viéndolo ahora con retrospectiva me doy cuenta de que estaba trazando el efecto «palo de hockey», que es lo que sucede cuando superas el tiempo necesario en un área de aprendizaje/trabajo y no te rindes.

Empiezas lento, sin recursos, sin conocimiento y sin mentalidad. Poco a poco vas aguantando, eres constante, tienes un mínimo de esperanza de que es posible conseguirlo y cada

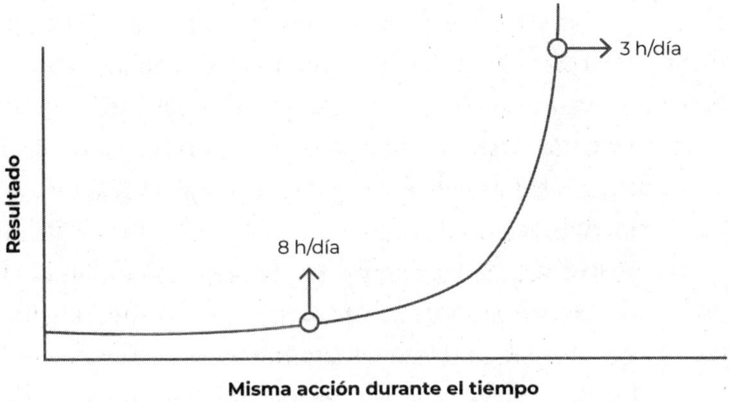

semana que avanzas en este proyecto vas mejorando un detalle nuevo.

Si lo vemos como una máquina de *input* y *output*, el *output* es el resultado, lo que obtienes de hacer el *input*, tu trabajo. Si mejoramos el *input*, sabemos que es más probable que el *output* mejore como consecuencia. Con ese detalle que se mejora cada semana, ese *output* mínimo que al principio parecía prácticamente imposible pasa a ser un poco más realista, luego se vuelve decente y, por último, llega a ser bueno. A su vez, mientras mejoras ese *output*, el esfuerzo que tienes que invertir en el *input* para obtener un *output* de una calidad igual o superior empieza a bajar, con lo que tu capacidad de conseguir resultados según tu esfuerzo se dispara.

En otras palabras: antes, conseguir que un vídeo de YouTube tuviera 20.000 reproducciones nos suponía un esfuerzo creativo enorme para pensar una idea de vídeo que la gente quisiera ver y lograr una calidad de producción que gustara, pero ser constante durante el tiempo suficiente provoca que llegues a un nivel en el que los resultados son «más fáciles». Sabemos elegir mejores ideas y tenemos recursos para delegar cosas que antes hacíamos nosotros, como grabar y editar el contenido, y eso nos permite generar grandes resultados con mucho menos esfuerzo.

No obstante, para llegar a ese punto debemos aguantar el gráfico del palo de hockey del progreso en el medio-largo plazo. Por eso, un negocio largoplacista tiene una cosa en concreto: pone el foco en el marketing que mejor funciona, el que más convierte y el que más confianza crea en tus potenciales clientes, y ese es el marketing de contenidos. En concreto, trabajar la marca personal.

La marca personal es el impacto que generas al resto de las personas con aquello que tú eres. Si hablamos de algo más profesional, sería generar un impacto en la gente de un sector para que, cuando tengan una necesidad relacionada con ese tema, piensen en ti.

Tú puedes hacer crecer tu marca personal sin usar redes sociales, pero tendrías que estar todo el día presentándote ante gente nueva y tendría que pasar un tiempo hasta que te conocieran a ti y tus valores, les aportaras información de utilidad, te vieran como una autoridad y, finalmente, te compraran un producto o un servicio. Sin embargo, lo que proponemos siempre es potenciar ese alcance y esa automatización de cada proceso de tu negocio a través de contenido online, sobre todo mediante las redes sociales (las más importantes son YouTube e Instagram).

Marca personal vs. ser *influencer* (la gran oportunidad)

La gente que está teniendo éxito ahora mismo no son los mejores, sino los que se atreven a enseñar su cara. Eso hace que la gente ya no quiera comprar a empresas y que, en cambio, prefiera comprar a personas. Lo estamos viendo cada vez más en internet.

Crear contenido no significa ser *influencer*, significa entender bien a tu público y construir una comunidad online que gire alrededor de tu marca. Eso hace que no necesites invertir tanto en anuncios, que no tengas que esforzarte tanto en expandir los valores de tu marca, porque todo eso lo hará tu comunidad por ti.

Si te interesa aprender sobre marca personal, te queremos dejar un regalo. Este QR te llevará a una clase de cuarenta minutos en la que te enseñaremos personalmente todo lo que necesitas saber para empezar desde hoy una estrategia exitosa con tu marca en redes sociales:

Principio 36

Haz que la gente se canse de verte en los algoritmos

Lo dicen todos: José Elías, Isra Bravo, Luis Monge Malo, Romuald Fons, el Mago More… La creatividad será el recurso más valioso en los próximos años, y las personas que aprendan la habilidad de captar la atención de la gente serán ricas, seguro.

Cuando hablamos de esta habilidad, puedes pensar que solo se aplica a tener más seguidores en tu cuenta de Instagram, pero en realidad se aplica a todo en la vida. Se trata de entender la psicología humana para comprender qué quieren ver o escuchar las personas que no te conocen de nada, y saber en qué orden y de qué forma debes entregarles esa información para enamorarlos y que pasen a ser parte de tu comunidad.

En 2023, después de plantearnos muchas preguntas sobre si empezábamos a ofrecer mentorías de marca personal y de hacer crecer la marca personal de José Elías de cero a más de 100.000 suscriptores en menos de noventa días, vimos que había una necesidad clara de aprender acerca de todo esto con información que realmente funcionara. Hay mucha gente que quiere enseñarte a usar las redes sociales y que no tienen ni 10.000 reproducciones en sus *reels*, y nosotros pensamos que había que darle a la gente lo que se merecía, y eso era una formación con todo lo necesario para hacer algo como lo que hicimos nosotros con José Elías, con *Tengo un Plan* y con nuestras marcas personales. Consejos útiles, fáciles de entender y que vayan al grano, sin paja. Para que una persona pudiera entenderlo rápidamente y aplicar el paso a paso correcto cuanto antes en su proyecto.

Así fue como se nos ocurrió crear el Instituto de Marca Personal (iMP), un lugar donde aprenderás todo el paso a paso con clases cortas y fáciles de consumir, y tendrás una comunidad de gente que está en la misma situación que tú con la que podrás conectar y motivarte. Allí hacemos directos semanales con mentores para profundizar en cada tema y resolver cualquier duda de los alumnos. Actualmente, más de setecientos alumnos se han formado con nosotros y han conseguido más alcance, más dinero y, sobre todo, el conocimiento de la habilidad más rentable hoy en día: cómo captar la atención de la gente. Y, ojo, son de sectores tan variados como la agricultura, el *coaching*, el fitness, la arquitectura, el tenis y muchos más.

Ahí explicamos en profundidad lo que te vamos a contar en este capítulo: enseñamos a la gente a conseguir que los algoritmos se cansen de recomendarlos.

Empecemos por el principio: céntrate en hacer el proceso al revés.

El algoritmo quiere dos cosas: que hagas clic o pares de hacer *scroll* y que veas el contenido el mayor tiempo posible. Esa es la fórmula matemática que tiene el algoritmo para entender si la idea de un contenido es interesante y si el vídeo en sí es de calidad.

La gente normalmente se equivoca a la hora de crear contenido. Se cometen muchos errores al inicio, pero los puedes solucionar simplemente recordando estas cuatro claves:

No des por hecho que la gente sabe lo mismo que tú ni que les apasiona tanto como a ti

En YouTube, la viralidad está en enseñar a alguien que no sabe nada y acaba de descubrir ese nicho, es decir, explicar algo complejo de forma sencilla. Ese es el verdadero trabajo de un divulgador: hacer accesible información compleja. Busca sinónimos que se entiendan más fácilmente, eso generará más clics y más retención. Por ejemplo: «oncólogo» → «experto en cáncer», o bien «Aprovecha el interés compuesto de la renta variable» → «La inversión más rentable para un principiante».

Se trata de escribir siempre teniendo en mente a una persona que no conozca ese tema en absoluto, y tu objetivo tiene que ser que entienda de qué va el vídeo sin ni siquiera hacer clic en él.

Idea-estrategia-grabar

No al revés. Cuando creamos contenido, pensamos en algo interesante de la misma forma que en la vida real. «Hoy tengo un evento de mi sector por la tarde e irán personas muy interesantes. Tengo muchas ganas, seguro que a la gente también le interesa verlo». Vas a ese evento, lo grabas como puedes y luego, cuando tienes delante el cuadro del título por rellenar y la miniatura por subir, no sabes por dónde empezar. Ese vídeo acaba llamándose: «Visito un evento de fisioterapeutas con el experto Dr. Fisio», y consigue 121 visitas. Esto es lo más común de los creadores de contenido que empiezan.

Dale la vuelta: empieza por invertir energía en qué idea vas a grabar y valida la calidad de la idea solo en función del título que vayas a poner. Cuando tengas dos o tres títulos buenos (buenos = generan mucha curiosidad, son cortos y fáciles de entender), el siguiente paso es pensar qué miniatura generará más atención a la vista en la ventana de recomendación. Cuando termines, ya habrás hecho lo más importante. Ahora toca definir la estrategia. Para hacer un vídeo viral, es esencial la coherencia entre el título y la miniatura, y lo que dirás en el vídeo.

> Dales aquello por lo que han clicado. Diles por qué ver el vídeo y mantente firme en el tema del vídeo, no te desvíes.
>
> MrBeast

Cuando primero piensas la idea y cómo vas a vender el vídeo, luego solo tienes que grabar el mejor vídeo posible que encaje con ese título y esa miniatura. En este caso, el título podría ser algo como: «Conoce la nueva metodología de la India que cura cualquier lesión». Ahí ya has creado una idea con más potencial de viralidad, y grabar ese vídeo te resultará más sencillo porque ya sabes lo que querrá ver la gente.

Hazlo siempre en este orden: primero la idea (título + miniatura), luego la estrategia que usarás para grabar el vídeo y, por último, grábalo, edítalo y súbelo.

Empezar, ser bueno y ser inteligente

Cuando empiezas, tienes una lista interminable de preguntas sobre cosas que piensas que necesitas saber para hacer crecer tu comunidad en redes. La realidad es que la mayoría de las preguntas simplemente son escondites para tus miedos a hacer lo que es importante de verdad: grabar. Al principio, tu foco debe estar al cien por cien en conseguir quitarte todo tipo de vergüenzas a exponerte delante de la cámara y a que gente desconocida opine de ti. Coge el hábito de crear contenido cada semana e intenta ir mejorando cada vez.

Cuando lo consigas (Sergio tardó treinta y cuatro vídeos en perder el miedo del todo), tu siguiente objetivo será crear el mejor producto posible (en este caso, los vídeos). Para eso, aprenderás de iluminación, *storytelling*, música… Aprenderás cuándo contar historias más emocionales o cuándo meter estudios más científicos, a darle dinamismo, cuándo hacer una llamada a la acción para pedirle a la gente algo, como que se suscriba o compre alguna cosa, etc.

Por último, cuando ya tengas vídeos de buena calidad, tu foco estará en mejorar tu forma de venderlos al algoritmo. En esta tercera fase es cuando empieza verdaderamente la maratón. Igual que cuando vas a correr, se trata de coger un ritmo que sea sostenible y que puedas mantener. Si esprintas demasiado, te costará aguantarlo mucho tiempo. Si vas demasiado lento, no te estarás exigiendo suficiente y probablemente te cueste más destacar... Encuentra tu equilibrio. Pregúntate: «¿Cómo saco la mayor cantidad de vídeos posible al mayor nivel de calidad?».

Saber separar comunidades según redes sociales

Que seas viral en TikTok no le importa a la gente que está en YouTube. El hecho de que hayas conseguido 50.000 seguidores en Instagram con *reels* de inspiración no te asegura que esa gente luego quiera ver un vídeo de veinte minutos de teoría en tu canal de YouTube. Lo mejor es separarlo mentalmente como si fueran distintos universos. Por un lado está Instagram, por otro YouTube, por otro TikTok, por otro LinkedIn, por otro el marketing de correo electrónico... Y así con cada canal. Precisamente, existen distintos canales de comunicación con tu comunidad porque cada grupo de personas quiere el contenido de una forma distinta. Una persona que está viendo *stories* de Instagram quiere ver eso, no le apetece pinchar en un enlace para ver un vídeo horizontal de catorce minutos. Está en el transporte público, va sin auriculares y no tiene tiempo para verlo.

Tal vez pienses que no te da tiempo a llegar a todo, así que te recomendamos que vayas del canal más importante al menos importante. Los más importantes son los contenidos que se indexan en algoritmos de recomendación: *reels*, TikTok y YouTube en general. Los *stories*, los *posts* y los correos serán secundarios, puesto que ahora lo más importante para ti es aportar valor masivo a mucha gente desconocida para que poco a poco te conozcan y pasen a formar parte de tu comunidad.

Hay mil cosas más que podríamos explicar en relación con esto. En la clase del QR que te regalamos en el apartado anterior profundizamos mucho más en los pasos que tienes que seguir para explotar tu marca en redes sociales y crear una comunidad a largo plazo en ellas.

Principio 37

¿Tu barco flota o avanza?

Cuando empezamos a escalar un negocio, nuestro mayor reto es crear un equipo y pasar de una persona que lo hace todo a tener que gestionar varias personas que lo hacen por ti. Hemos visto que a muchos emprendedores les cuesta hacer este salto y lo posponen durante mucho tiempo, lo cual les hace perder miles y miles de euros.

Con un ejercicio muy simple que haremos ahora, puedes analizar rápidamente cuál es tu situación.

Coge una hoja y apunta todas las tareas que haces durante el día, y luego clasifícalas en la tabla según cuáles hacen que tu barco avance y cuáles hacen que tu barco flote.

El barco flota	El barco avanza

Cuando analizas tu negocio, muchas veces descubres que debes empezar a delegar si quieres que el barco siga avanzando. Y este es uno de los momentos más difíciles para la mayoría de los emprendedores: crear un equipo. Siempre que hemos conocido a grandes empresarios nos han dicho que es la parte más complicada. Pero, si lo consigues, tu negocio puede ir a un siguiente nivel.

Haz este ejercicio cada día para ver dónde se está yendo tu energía diaria.

¿Cómo contratan José Elías y Yaiza Canosa?

José Elías se fija en esto a la hora de contratar a una persona:

- Lealtad.
- Actitud.
- Aptitud.

En este orden. José no necesita grandes currículums para convencerse de que esa persona es la adecuada.

Por otro lado, Yaiza destaca varios puntos:

> En cuanto a la aptitud, fíjate en lo micro, no en lo macro. Quiero saber al detalle sus anteriores acciones para ver cómo las ha gestionado, si ha sido él o si ha sido su equipo.
>
> En relación con la actitud, me fijo en estos tres valores: capacidad de trabajo, compromiso y ser buena persona. Esto último parece muy hippy, pero es que una mala persona te hace perder dinero. Y una persona no comprometida que ha venido únicamente por el dinero no será leal a tu proyecto, y eso solo se gana con respeto.
>
> Yo, como líder, no les pido a mis trabajadores que me admiren. Es algo que me tengo que ganar desde el primer día.
>
> También me encanta conocer a la persona a nivel personal, saber cuál es su día a día.

Yaiza hace varias comidas con sus trabajadores para conocerlos en profundidad y se fija en cómo hablan de los otros trabajos para medir su nivel de compromiso. Obviamente, estos valores se los ha enseñado a su equipo de recursos humanos para que mantengan ese buen filtro, porque sabe lo importante que es eso para el negocio. Como ella misma dice:

> Mis compañías han cambiado cuando he empezado a fichar mucho mejor.

Principio 38

Invierte para no depender de nadie

Cuando hablamos de invertir, el cerebro siempre plantea dos posibles situaciones:

- Voy a invertir en la nueva criptomoneda que me ha dicho el vecino del segundo. Así mañana seré millonario y me retiraré.
- Voy a invertir poco a poco para asegurarme un futuro.

Nosotros somos partidarios de la segunda opción. Nos centramos en nuestro negocio y, con el excedente de dinero, intentamos asegurarnos un futuro sin preocupaciones económicas.

Este apartado seguramente sea de los más densos de todo el libro, pero te aseguramos que es muy importante para tu futuro que te formes en inversión y que controles a la perfección tus finanzas para que no se conviertan en un dolor de cabeza.

Yo (Juan) también he tenido momentos en los que quería hacerme millonario con la nueva criptomoneda. Recuerdo una vez en que tenía 600 € en mi cuenta bancaria, y metí 200 € en una plataforma de criptomonedas que nunca llegó. No es que fuera una estafa; mi problema fue la falta de conocimiento, no supe enviar bien el dinero entre plataformas y lo perdí. ¿Aprendizaje? Zapatero, a tus zapatos.

Vamos a empezar desde lo más básico.

1. «Joder, es que si tuviera un millón de euros, otro gallo cantaría»

Seguramente alguna vez en el bar hayas escuchado este típico comentario. Y es mentira. Como dice el asesor financiero Javi Linares, se gestionan igual mil euros que un millón de euros; por eso hay tantas personas que se arruinan después de que les toque la lotería. Digamos más bien que la lotería está en que te toque y no te arruines.

Antes de nada, debes tener en cuenta cuáles son tus finanzas actuales y cómo las estás gestionando. Eso nos ayudará a saber cuáles son nuestros siguientes pasos. Aquí influye muchísimo en qué situación te encuentres, pero pondremos unos porcentajes objetivos que te pueden ayudar.

Si eres empleado por cuenta ajena, lo ideal sería que ahorres el 15 % de lo que ganas. Sabemos que es un gran sacrificio, pero, como todo sacrificio, merece la pena. El objetivo es conseguir la libertad financiera.

Si en tu caso ya desde joven ganas un alto salario, tendrás que practicar lo que Javi llama «la tasa de ahorro decreciente»: se trata de ahorrar lo máximo posible al principio para que en un futuro ya no tengas que ahorrar gracias a todo lo que has invertido. Son casos más excepcionales, pero, como ya hemos dicho, es igual gestionar mil euros que un millón, y hemos conocido a mucha gente que ha perdido grandes patrimonios por tener mucho dinero a una edad temprana.

Llega el momento de la verdad: vamos a ver dónde nos estamos gastando el dinero. Como dice el experto en inversión Carlos Galán, «lo que no son cuentas son cuentos». Una vez al mes, como mínimo, tenemos que sentarnos a revisar la contabilidad. Da igual si es el mejor Excel o una servilleta con un bolígrafo; lo importante es que seas estricto sabiendo lo que ganas y gastas.

2. ¿Qué hago con mis ahorros? ¿Cuánto dinero necesito para empezar a invertir?

Antes de empezar a invertir, lo principal es tener tu futuro más cercano asegurado. Eso nos dará una tranquilidad financiera que nos ayudará a invertir mejor.

Lo ideal es que tengas cubiertos entre seis y doce meses de tu coste de vida. Ese será tu primer objetivo con tu porcentaje de ahorro mensual. Es decir, si nuestro coste de vida es de

1.100 €, deberemos tener un mínimo de 6.600 € (1.100 € × 6 meses). Esto será el fondo de emergencia.

Lo ideal es que este dinero lo tengas separado de tu cuenta corriente. Puedes optar por alguna cuenta remunerada que al menos te dé un pequeño porcentaje por tener el dinero ahí y que te permita sacarlo en cualquier momento.

3. Crea tu jubilación mientras trabajas

Una vez tenemos nuestro fondo de emergencia, pasaremos a invertir dinero.

Aquí se abren múltiples opciones, y no queremos hablar de algo en lo que no tengamos un mínimo de información o que no tengamos experiencia con ello.

En cuanto a inversiones, nosotros nos fijamos mucho en dos amigos y grandes expertos: Carlos Galán y Javier Linares. Tienen una filosofía que nos gusta y que nos hace ver la inversión como un plan a largo plazo, y eso nos permite mantener y hacer crecer nuestro capital sin quitar el foco de lo importante: nuestro negocio. Precisamente, si quieres formarte en temas de inversión, nosotros siempre recomendamos el libro *Independízate de Papá Estado*, de Carlos Galán, y el canal de YouTube de Javi Linares.

Ahora empezaremos hablando de los fondos indexados, una excelente opción si quieres automatizar tus inversiones y no preocuparte. Le hemos preguntado a ChatGPT cómo explicaría un fondo indexado a una persona novata y ha dicho esto:

Un fondo indexado es como una gran canasta que contiene muchas acciones de diferentes empresas. Pero en lugar de elegir esas empresas al azar, el fondo indexado sigue un índice específico del mercado. Un índice es una lista que representa una parte del mercado de valores. Un ejemplo famoso es el S&P 500, que incluye 500 de las empresas más grandes de Estados Unidos.

¿Por qué nosotros invertimos aquí? Como hemos dicho, es una buena manera de asegurarte una jubilación. Por ejemplo, el S&P 500 tiene una rentabilidad aproximada en las últimas décadas del 8-10 %. Lo interesante de todo esto es que cada año la bola de nieve se hace más grande, ya que no cuenta solo tu aportación mensual, sino también las ganancias y lo que has aportado posteriormente. Todo esto hace que cada vez tu cifra en el fondo indexado sea mayor.

Para que lo puedas entender, te pondremos un ejemplo de una persona que invierte 150 € mensuales durante treinta años y tenemos una rentabilidad media del 8 %.

Esta persona ha invertido 54.000 € en treinta años, pero al final de este periodo obtendrá 223.553,92 €. Aquí podemos ver perfectamente el efecto de interés compuesto a lo largo de los años, usando como referencia una cantidad de 150 € (y cualquier hipoteca o cualquier gasto de ocio mensual nos supone mucho más).

Otra de las inversiones que más nos han recomendado son los bienes inmuebles. Nosotros tenemos dos experiencias distintas:

Año	Inversión total (€)	Patrimonio acumulado (€)
1	1.800	1.867,49
2	3.600	3.889,98
3	5.400	6.080,33
4	7.200	8.452,49
5	9.000	11.021,53
...	...	...
26	46.800	156.361,66
27	48.600	171.207,09
28	50.400	187.284,68
29	52.200	204.696,70
30	54.000	223.553,92

- Comprar un inmueble para alquiler convencional.
- Aportar capital en una inversión que junta varios inversores para llevar a cabo una operación de compra, reforma y venta.

Estas opciones también son muy interesantes para diversificar un poco tu riesgo, aunque es verdad que un inmueble lleva más trabajo que una inversión en fondos indexados.

Cuando José nos dijo esta frase, se nos quedó grabada a fuego en el cerebro:

> Cuando alguien me propone invertir en algún sitio, la pregunta que siempre hago es: «¿Tú también te vas a jugar tu dinero?».

Es un truco muy bueno para confiar en la persona que te propone la inversión.

Aparte de buscar la rentabilidad en nuestras inversiones, hemos visto que hay algo mucho más importante: tener ilusión sobre la inversión que harás. Muchas veces una inversión que *a priori* parece menos rentable pero que nos hace más ilusión puede hacernos más felices. Es una métrica que no sale ningún papel, pero creemos que deberíamos valorarla cuando vamos a mover nuestro dinero.

Principio 39

¿Dónde invierto si tengo cero euros?

Si todo lo que acabas de leer te parece una locura porque no puedes ahorrar ese porcentaje o porque ahora mismo no tienes ingresos, la solución es muy clara: tu mejor inversión es seguir comprando libros como el que tienes ahora mismo en las manos, hacer formaciones que potencien tus habilidades, vivir experiencias que hagan que seas más valioso en el mercado, desarrollar los dones por los que una persona te pagaría… Incluso gastarte el dinero en un viaje es mucho más rentable que meterlo en un fondo indexado con su máximo de rentabilidad.

Muchas veces nos obsesionamos con buscar el mejor inmueble o el fondo que nos dé el mayor retorno, y dejamos de lado la parte más importante: aumentar nuestro valor propio. Conseguir que nuestro precio por hora pase de 15 € a 100 €

hará que nos hagamos ricos de verdad, en lugar de sacarle un 10 % de rentabilidad a una inversión.

Esto nos recuerda muchas veces la historia de una persona que se gastó sus últimos 10.000 € en pagar a un gestor para optimizar su situación fiscal, cuando su problema no era la situación fiscal sino que no ganaba suficiente dinero. Tenemos que poner el foco siempre en cómo generar más.

El dinero ha llegado a su fin

Aquí acaba esta sección sobre el dinero, en la que esperamos que hayas aprendido todo lo necesario para tomar mejores decisiones sobre él.

Debemos tener claro que el dinero es una herramienta para mejorar nuestra vida, pero no debemos amoldar nuestra vida a él. Muchas veces nos olvidamos de para qué trabajamos o para qué queremos ganar más dinero y nos distraemos con la comparación de ver quién tiene más dígitos en la cuenta del banco o quién parece más exitoso en redes sociales.

Nos gustaría que terminaras este libro con ideas prácticas y hábitos fáciles de implementar que te permitan mejorar tu relación con el dinero y que ahora te resulte más fácil atraerlo en abundancia a tu vida. Ganar dinero es bueno, vender es muy bueno. Pero no te olvides de por qué empezaste en todo esto.

Creemos que es un buen momento para hablar de la entrevista con la psicóloga Mónica Domínguez. Mónica nos contaba que había acompañado en sus últimos días a más de mil personas y que había estado con personas más o menos ricas, y en ningún caso había escuchado a las personas ricas decir que lo que más agradecían de su vida era el dinero. Lo que más recuerdan de su vida antes de morir son las experiencias que han vivido en ese camino hacia el éxito y las personas que han conocido, y, sobre todo, aconsejan disfrutar de cada momento de ese proceso, sea bueno o sea malo. Todo momento es un regalo y una oportunidad para disfrutarlo, y hay que entender que simplemente es un paso más en el camino. Debemos recordar que lo que ahora parece una tormenta más adelante se verá como una pequeña nube a lo lejos.

También nos contaba que cuando pasas tanto tiempo viendo la muerte con tus propios ojos y viendo que se mueren buenas personas a las que conoces, empiezas a pensar en lo que realmente importa del camino, y te das cuenta de que esa discusión que acabas de tener con tu pareja o esa mala respuesta que le has dado a tu abuela podrían ser las últimas interacciones con esas personas, o piensas dos veces en si de verdad dejarás que un mal rendimiento de tu último proyecto de emprendimiento te amargue el resto de la tarde.

No queremos dar atajos, no queremos que leas este libro pensando que es un atajo para conseguir tu vida soñada. Obviamente, te puede ayudar a ir más rápido, pero en el destino no está la felicidad. Si en el presente no consigues disfrutar de este proceso de mejora que estás viviendo, tendrás mucha dependencia a lo externo para ser feliz. Como algún día el proyecto en el que tanto estás trabajando vaya mal, tu sufrimiento estará multiplicado.

Aunque en tu cabeza sea muy importante ganar más de 10.000 € al mes porque es la cifra que siempre has imaginado, tu vida será muy poco distinta ganando 5.000 € al mes que ganando 15.000 €.

Está bien querer gastar el dinero en juguetes (entendiendo como «juguetes» todos esos bienes materiales que nos dan una felicidad instantánea y luego no perduran), pero hay que ser consciente de todo esto para que mañana, cuando despiertes motivado por todo lo que has leído durante el día de hoy, te acuerdes de lo que realmente es importante.

Lo que vas a recordar con felicidad son los pequeños momentos, no el mes que más facturaste. La felicidad no está en ser millonario, sino en tu autoconcepto de éxito por haber mejorado la versión de ti mismo.

Tu plan para después de leer este libro

Durante este viaje, hemos explorado casi cuarenta principios fundamentales que abarcan áreas vitales como el autoconocimiento, la gestión del dinero, la salud y las relaciones. Estos principios, extraídos de las experiencias de empresarios y divulgadores exitosos, no solo son estrategias probadas, sino también guías que han transformado la vida de muchas personas que han consumido los episodios semana tras semana.

Queremos darte la enhorabuena por haber terminado este libro. Como ya hemos dicho, ahora hay mucha falta de atención, y solo el hecho de que hayas podido mantener la atención durante las horas en las que has estado leyéndolo ya dice mucho de tus capacidades personales.

Lo importante ahora es que no te quedes simplemente con la motivación y que pases a la práctica. Recuerda lo que dijo More: «No me des una caja llena de cerillas, dame simplemente una cerilla y una vela que me permita que la luz dure mucho más tiempo».

Lo que te recomendamos es que empieces del más largo plazo al más corto, y que primero te hagas preguntas importantes sobre cómo quieres que sea tu vida dentro de diez años. Deja a un lado la comparación, el reconocimiento o lo que te han vendido en Instagram como éxito. Piensa en tu éxito, en cómo quieres despertarte un martes cualquiera cuando tengas diez años más. Y, después de pensarlo bien, profundiza en cómo crees que puedes llegar ahí en estos primeros cinco años. Cuando tengas esa respuesta clara, piensa qué es lo que tienes que hacer este año, a partir de hoy, para llegar a ese objetivo final.

Es probable que te toque cambiar el entorno, muchos hábitos de tu rutina diaria, gran parte de tus costumbres o tu alimentación, o a lo mejor no tienes que cambiar nada y simplemente tienes que ser más constante. Sea cual sea tu situación, queremos dejar claro que pensar mucho y no hacer nada no significa nada en el plano de lo material. Así pues, crea cuanto antes una lista de acciones claras y directas que te lleven a ese lugar adonde quieres ir.

Suena un poco frío esto que te vamos a decir, pero es una de las cosas que más nos han hecho espabilar en la vida: algún día te vas a morir, y la gente de tu alrededor también, y es una mierda pensar en esa situación pero también es lo que te da gasolina para que pongas en marcha todas esas cosas pendientes que tienes por hacer, para que pruebes ese emprendimiento que tanto miedo te da, para que resuelvas esa conversación pendiente que llevas tanto tiempo queriendo sacar… y, sobre todo, para que priorices lo que quieres en la vida y a las personas con las que quieres pasar tiempo.

Aquí hay casi cuarenta píldoras. Debes priorizar cuál vas a poner en marcha. Reconocer que no somos un Superman de la vida nos hará quitarnos ese extra de presión que nos metemos en esta sociedad de hiperexigencia continua.

Haz lo que te ilusione, comparte tiempo con las personas de verdad, disfruta de cada instante sin pensar en lo que viene mañana y dale importancia a las cosas que merecen la pena.

Cómo puedes continuar

En este QR podrás unirte a la comunidad de personas que, como tú, han leído este libro y han llegado hasta aquí. Como te hemos dicho antes, significa mucho que ya estés en este nivel, y eso quiere decir que la gente que vas a conocer en este grupo te caerá genial.

Y, para aquellos que buscan profundizar más, hemos incluido una lista de libros, artículos y herramientas que consideramos esenciales para continuar este viaje. También te invitamos a unirte a nuestra comunidad online, donde siempre estamos compartiendo recursos y experiencias.

Nos encantaría ver que intentas cumplir esos objetivos y cómo lo planeas en tu día a día. Etiquétanos en Instagram (@tengounplanpodcast) para que podamos verlo.

Nuestra visión en *Tengo un Plan* es generar el contexto para que todo el mundo tenga de forma más accesible las herramientas y la sabiduría que les permitirán mejorar su versión y crear experiencias que hagan que las personas que se sientan solas conecten con gente como ellos. Por eso te recomendamos que estés atento al universo *Tengo un Plan*, porque seguro que surgen planes muy interesantes, como hacer deporte con otras personas de la comunidad, aprender juntos o participar en eventos de otra clase.

Agradecimientos y reconocimientos

Este libro no habría sido posible sin la colaboración de los emprendedores que generosamente compartieron sus conocimientos y experiencias.

Hay tantas personas que tenemos que mencionar en este apartado del libro que creemos que necesitaríamos decenas de hojas para completarla. Aun así, nos gustaría compartir una lista con el nombre de las personas que han confiado en nosotros, independientemente del éxito que teníamos en ese momento, y que, sin duda, han sido nuestras guías en todas las áreas de vida que hemos comentado en estos capítulos. Y, por supuesto, no podemos olvidar a los invitados que hemos traído al pódcast. Os queremos.

Ana Navarro
Carlos Domínguez
Jorge Domínguez
Luis Ángel Navarro
Enrique Beguería

Yolanda Arroyo
Victor Beguería
Iván Pizarro
Andrés Blázquez
Rafael Aldaz
Miguel Pablo Pérez Díaz
Carlos Galán
Alae El Arnouki
Borja Vilaseca
José Elías
Carlos Martínez
Sergio Ferreira
Sandra Rodríguez
Javier Ávila
Adrià Solà Pastor
Nerea Langa
Blanca Royo
Álvaro Ortega
Victor Escolano
Aitor Laiglesia
David Sustaeta
Darío García
Alberto Álvarez
Marcos Flores
M.ª Ángeles Pérez Segura

No tienes nada que envidiar ni a nosotros ni a cualquier persona que sigas o tomes como referente. Eres increíble tal y como eres, y no apagues nunca eso que te hace diferente, porque es lo que te permitirá conectar con gente como tú y te hará brillar igual que una estrella brilla en mitad de un cielo totalmente negro.

Gracias por dedicarnos tu tiempo, que, como hemos visto, es lo más valioso, y por permitirnos poder dedicarnos a lo que más nos gusta.

No tenemos la fórmula del éxito.

Os queremos mucho,

JUAN Y SERGIO